Lujo y capitalismo

Werner Sombart

Lujo y capitalismo

sequitur

sequitur [sic: *sékwitur*]:
Tercera persona del presente indicativo del verbo latino *sequor*:
procede, prosigue, resulta, sigue.
Inferencia que se deduce de las premisas:
secuencia conforme, movimiento acorde, dinámica en cauce.

Luxus und Kapitalismus
Duncker & Humblot, Múnich/Leipzig, 1913

Versión de Javier Eraso Ceballos

© Ediciones sequitur, Madrid 2025
www.sequitur.es

ISBN: 978-84-129818-1-0
Depósito legal: M-7100-2025

Índice

I. LA NUEVA SOCIEDAD

1. La corte

La formación de las grandes cortes principescas es el resultado, así como la causa, de las transformaciones acaecidas al final de la Edad Media en las estructuras políticas y militares de los países europeos.

En este ámbito, como en tantos otros, los príncipes de la Iglesia fueron los precursores y fijaron el ejemplo a seguir. La de Aviñón fue la primera corte "moderna": ahí donde, por primera vez, coincidieron dos tipos de personas que marcarían el tono de lo que acabaría llamándose "la sociedad cortesana": nobles sin otro propósito que servir a los intereses de la corte y hermosas damas, gráciles e ingeniosas –"souvent distinguées .par les manières et l'esprit".

La importancia de Aviñón radica en que ahí fue donde, por primera vez, se juntaron, en torno a su jefe, los príncipes de la Iglesia de casi toda Europa, y lo hicieron rodeados de esa pompa que Juan XXII describió tan vivamente, en su decreto *Etsi deceat*.

Como veremos, durante el siglo XV y principios del XVI, la corte de los pontífices romanos y de sus "nipoti" fue la más espléndida de la historia, y se erigió en modelo de la magnificencia y liberalidad de las costumbres cortesanas. Incluso un hombre como Erasmo quedó fascinado por la vida de esos *cortegiani* romanos que tanto se aproximaban al retrato ideal del cortesano esbozado por Castiglione.

Con la corte de los papas rivalizaban las de los demás príncipes de Italia. Una de las primeras cortes seculares en tener un carácter moderno, fue la de Alfonso de Nápoles, quien, según se dice, "amaba, sobre todas las cosas, la gloria, el esplendor y el bello sexo". Las cortes de Milán, de Ferrara y otras residencias principescas menores, también acogieron un tipo de vida plenamente moderno.

No sorprende que fuera en Italia donde surgió este tipo de vida, ya que ahí fue donde primero se dieron las condiciones necesarias: decadencia de la institución de la caballería, urbanización de la nobleza, creación del Estado absoluto, renacer de las artes y las ciencias, cuidado del trato social, acumulación de grandes fortunas, etc.

El elemento decisivo en la historia de la vida cortesana fue, sin embargo, la emergencia de una corte moderna en Francia, una nación mucho más grande y poderosa, que, desde finales del siglo XVI y a lo largo de los dos siguientes, se convirtió en referencia indiscutida en todo lo relativo a la vida cortesana.

El fundador de la corte francesa fue Francisco I. Es cierto que Luis XI ya había introducido un cambio decisivo al dar a sus *officiers de la maison* el título de *officiers de France*, identificando así la casa real con Francia y abriendo el paso a la corte en su sentido moderno, es decir, ya no como círculo familiar del monarca. Pero fue Francisco I el verdadero creador de la corte, en la medida en que concedió a las damas gran protagonismo: "una corte sin damas es como un año sin primavera, como una primavera sin rosas", habría dicho.

Francisco I mandó llamar a las damas de la nobleza, que hasta entonces habían estado confinadas en los viejos y grises *donjons* de sus castillos. Y con su discreto despotismo y sus encantos, creó la corte centrando en torno a su persona toda la actividad. "Su madre dirigía las grandes celebraciones y buscaba las jóvenes más bellas; su hermana Margarita aportaba la gracia de su ingenio, y Francisco I extendía sobre todo el conjunto el brillo de las bellas formas. La variación de sus deseos marcaban el ritmo y el movimiento".[1] Las cortes de los distintos Luises no serán sino copias, a gran escala, de la que creó Francisco I.

Con las mujeres, surgieron las intrigas y los amoríos, y el lujo. La vida de la corte se basaba en el poder que ejercían las mujeres. Así lo confirman los testimonios de la época, como los de Sully y Mercier: dos conocedores, uno del principio y otro del final, de este período de cortes animadas por la mujer: "Basta mirar a los hidalgos que abundan en la corte y la ciudad. Ya no tienen aquellas virtudes sencillas y viriles de sus antepasados. Rechazan la reflexión comedida y el juicio sereno en favor de la diversión desmesurada y apasionada. Naturalmente disolutos, atentos a sus atavíos, con un gusto viciado por todo tipo de lujo, diríase que quieren superar en afeminamiento a las mismas mujeres".[2]

"La fastuosidad que envuelve la corte les ha aturdido [a los nobles]. Se organizan diversiones para atender sus deseos. Las mujeres que antes vivían en la soledad y en los deberes domésticos se sienten ahora halagadas por atraer las miradas. Su coquetería, su ambición natural han encontrado satisfacción. Radiantes y encantadoras, revolotean junto al trono. Se han convertido en las reinas de la sociedad y en los árbitros del gusto y de los placeres; han dado a las cuestiones triviales un aire de solemne importancia: han creado el traje, la etiqueta, las modas, los adornos, las preferencias, las convenciones pueriles...".[3]

Las demás cortes europeas o carecían de relevancia en la vida cultural de sus países o eran simples copias de la corte francesa. Esto es especialmente cierto en el caso de la corte inglesa, que no se creará hasta la llegada de los Estuardos. Aún en tiempos de Enrique VIII, un escritor comentaba: "Todos los caballeros huyen al campo. Pocos moran en pueblos o ciudades. Pocos son los que tienen interés en ellas".[4] Tampoco la corte de la reina Isabel tuvo ese carácter "moderno", propio del modelo francés; le faltaba lo más importante, el elemento principal: el poder femenino. Tratándose de una reina, podrá resultar paradójico, pero hay que tener en cuenta que el poder al que nos referimos es, como veremos, el de la mujer ilegítima, el de la amante.

2. La riqueza burguesa

En otro libro, he descrito con detalle cómo, desde la Edad Media en adelante, se generó desde distintos e ingentes orígenes, una nueva riqueza. Una riqueza que podemos calificar de burguesa, en contraposición a la riqueza feudal. Esta nueva riqueza modificó la estructura de la antigua sociedad, transformando la composición del estrato social situado entre los príncipes y la *misera contribuens plebs*.

Para analizar esta transformación bastará exponer de manera cronológica los hechos recogidos en ese libro y examinar la formación de la riqueza dentro de su contexto social. Podremos apreciar así el cambio en la composición de los estratos superiores.

En la Alta Edad Media, las fortunas se asentaban casi exclusivamente en la propiedad de la tierra y los grandes terratenientes constituían por si solos (si no tenemos en cuenta a la Iglesia) la nobleza. No hay en esa época ricos burgueses propietarios, salvo algunas excepciones puntuales, como la del famoso Poinlane.

Durante los siglos XIII y XIV la situación cambia y las grandes fortunas no ligadas al vínculo feudal se multiplican: son fortunas de capital. Este proceso se da sobre todo en Italia y coincide dos hechos económicos nuevos: el inicio del comercio con Oriente y el descubrimiento de minas de metales preciosos en África. También en esta época, adquieren mayores proporciones los beneficios del préstamo con usura a grandes terratenientes y ricos príncipes.

Lo que ocurre en Italia en los siglos XIII y XIV, se da en Alemania en los siglos XV y XVI. También ahí, especialmente en las ciudades del sur de Alemania, aumenta la gran riqueza, en este caso, gracias a la explotación de las minas de oro y plata de Bohemia y Hungría, a la llegada de la plata de América y a las consiguientes grandes operaciones financieras. Es "la época de los Fugger", de los Fúcares. En el siglo XVII, el fenómeno llega a Holanda, país que participa en el saqueo de España y Portugal y que descubre nuevas fuentes de riqueza en las Indias orientales, que explota con el comercio forzado, la rapiña y la esclavitud.

En el siglo XVII, la riqueza también crece en Francia e Inglaterra, pero no será hasta las postrimerías del siglo cuando las fortunas burguesas adquieran relevancia social. Los grandes negocios financieros, origen casi exclusivo de los grandes capitales, no despegan hasta finales del reinado de Luis XIV y después de la Revolución gloriosa.

Esta situación queda reflejada en el único estado de ingresos que conservamos de aquella época: la famosa cuenta de Gregory King para el año 1688.[5] Según refleja, el ingreso medio de un gran comerciante de productos de ultramar era sólo de 400 libras, y el de un gran comerciante del interior, de 200. El número de los primeros era de unos 2.000, según King, y el de los segundos, de 8.000. Frente a estos "burgueses", estaban los distintos terratenientes: 160 *lords* laicos con una renta media de 2.800 libras; 26 *lords* eclesiásticos con 1.300; 800 *baronets* con 880 libras; 600 caballeros con 650; 3.000 *squires* con 450; 1.200 *gentlemen* con 280. No cabe duda de que, entre estos nobles, había bastantes representantes de la nueva riqueza, pero, de haber hecho King su registro tan sólo treinta años después, habría podido reflejar el rápido enriquecimiento de los especuladores bursátiles y de los comerciantes de los mares del Sur. Entre los directores de la Sociedad de los mares del Sur (cuyos bienes fueron confiscados) había dos con un capital superior a las 200.000 libras; cinco con más de 100.000 libras; otros cinco con más de 50.000 libras, y 10 con más de 25.000 libras. En este sentido, las rentas que menciona Defoe ya tienen otro cariz y los datos que recoge el Miege-Bolton de 1745 establece como ingreso medio del *gentleman* 500 libras.[6]

Las causas de esta gran transformación son claras: el oro de Brasil y las guerras de Luis XIV fomentaron los negocios financieros, los abastecimientos y las especulaciones, tres fuentes principales de enriquecimiento en la época moderna. (Baste pensar en los beneficios que daban en bolsa las acciones de sociedades como la Hudson Bay Company o la Sociedad Africana, cuyas acciones, con valor de emisión de 100 libras, subieron rápidamente a 480, antes de acabar valiendo 2 libras. Por no hablar de las "ganancias" que daban los mares del Sur.) Es entonces cuando surgen las fortunas burguesas, es decir, las fortunas de bienes muebles, financieros.

Con la aparición del oro brasileño termina el período de la plata en el capitalismo moderno y comienza el del oro. Al igual que en Inglaterra, en Francia la transformación se da a finales del siglo XVII. Para el caso francés, disponemos de datos más precisos sobre la evolución y magnitud de las distintas fortunas de origen financiero. Tenemos, por ejemplo, una lista que dejó escrita un terrateniente con las sumas que a lo largo de más de tres siglos fueron objeto de los contratos matrimoniales de su familia:[7]

1433: 300 florines	1644: 16.000 libras
1477: 1.000 florines	1677: 15.000 libras
1534: 1.200 florines	1707: 44.000 libras
1582: 1.200 escudos de oro	1734: 360.000 libras
1613: 7.500 libras	1765: 150.000 libras

También conocemos esta lista sobre las dotes que los ricos financieros entregaban en siglo XVIII a sus hijas: La Live de Bellegarde dio a cada una 300.000 libras en dinero y 10.000 en brillantes. La Masson, 1.700.000 libras. Antoine Crozat, 1.500.000, y 50.000 de "propina" para la suegra, la duquesa de Bouillon. Samuel Bernard, 800.000 libras. Olivier, conde de Senoza (que también se dedicaba al comercio de pieles de conejo), 1.100.000 libras y 100.000 en muebles. Estas cifras no sorprenden, si tenemos en cuenta las fortunas de estos nuevos ricos. Vicent Le Blanc ganó 17 millones; Saint-Farjeau, 28 millones; el marqués de la Faye, 20; Madame de Chaumont, 127; Samuel Bernard, más de 100. El financiero Paris ganó en una sola operación 68 millones.[8]

Seguramente, estas sumas están hinchadas –como suelen estarlo hoy en día los datos referidos a los millonarios americanos–, pero certifican que en esa época empezaron a formarse fortunas gigantescas. Algo que de lo que los coetáneos dejaron constancia escrita: "Se habla hoy de un millón, como se hablaba hace cien años de mil luises de oro. Se cuenta por millones. Los millones vuelan, tan pronto se trata de una nave, de un viaje, de un terreno." (Mercier, *Tableau de París*)

3. La nueva nobleza

Es importante comprender cómo estos nuevos ricos –y, más aún, sus mujeres, hijas e hijos– convirtieron el éxito económico en ascenso social y estos *nouveaux riches* fueron percibidos, en su ascenso a la "clase dominante", por la nobleza tradicional.

A lo largo de dos siglos, entre 1600 y 1800, se formará un nuevo estrato social fruto de la unión de la antigua nobleza y la nueva riqueza; una nueva capa social, cuyo núcleo será la riqueza, pero que conservará el estilo de vida feudal. Dicho en otros términos: gran parte de los "nuevos ricos" se ennobleció, en un ascenso social que se dio de distintas maneras: 1. recibiendo títulos, bien por méritos bien mediante compra; 2. recibiendo condecoraciones o cargos asociados a títulos hereditarios de nobleza; 3. adquiriendo propiedades inmobiliarias vinculadas a títulos. Por otra parte, los miembros de la antigua nobleza no tuvieron reparo en mezclarse con los "Turcarets"[9] para hacerse, mediante matrimonio, con los millones necesarios para restaurar el brillo de sus blasones. Esta mezcla o fusión de sangre azul y dinero burgués se dio en todos los países de cultura capitalista: en Italia como en Alemania, en Inglaterra como en Francia, es decir, los dos países más representativos del desarrollo inicial del capitalismo; dos países que, a pesar de tener distinta estratificación social, siguieron en esto el mismo proceso.

En Inglaterra, la nobleza *strictu sensu* nació sólo después de la guerra de las Dos Rosas, con el advenimiento de los Tudor, y más específicamente de Enrique VIII. Al término de la guerra sólo quedaban de las antiguas casas de nobleza 29, empobrecidas y maltrechas. Enrique VIII devolvió a estas casas señoriales su poder y fortuna, sometiéndolas así a una Corona que, desde entonces, conservaría su predominio. La restauración de la nobleza se hizo mediante la confiscación y secularización de los bienes de la Iglesia. Con Enrique VII y Enrique VIII, la nobleza creció con la concesión de nuevos títulos. Y estos nuevos nobles, equiparados a los de vieja estirpe, los eligieron los monarcas entre personas señaladas: señaladas, también, por su nueva riqueza. Jacobo I incluso llegó a vender títulos nobiliarios. He aquí una lista de los títulos creados por los monarcas: Enrique VII creó 20; Enrique VIII, 66; Eduardo VI, 22; María, 9; Isabel, 29; Jacobo I, 62; Carlos I, 59; Carlos II, 64; Jacobo II, 8.

Si bajo los Estuardos se extinguieron 99 títulos, entre 1700-1800 se crearon 34 ducados, 29 marquesados, 109 condados y 85 vizcondados. Estas distinciones no siempre recayeron en personas del pueblo llano, como sí ocurrió con los Russell y los Cavendish –que Enrique VIII elevó, según Green, "desde la oscuridad, dándoles tierras que pertenecieron a la Iglesia"–, sino que solían favorecer a los que ya disponían de algún título menor: *squire*, *knight* o *baronet*. Pero, en muchos casos, el árbol genealógico sí nacía de un *homo novus* burgués. Basten estos ejemplos: los duques de Leeds descienden de Edward Osborne, que llegó a Londres siendo un menesteroso dependiente de comercio; los duques de Northumberland descienden de Hugh Smithson, dependiente de una farmacia, que contrajo matrimonio con Lady Elizabeth Seymour. Origen burgués tenían: los Russell, el marqués de Salisbury, el marqués de Bath, los condes de Brownlow, Warwick, Carrington, Dudley, Spencer, Tilney (el primer conde de Tilney era hijo de Josiah Child), Essex, Coventry, Darmouth, Uxbridge, Tankerville, Harborougs, Pontefract y de Fitzwater; los vizcondes de Devereux y Weymouth; los condes de Clifton, Leigh, Haverschan, Masham, Bathurst, Rommey, Dormer; los duques de Dorset y de Bedford. Los datos disponibles permiten afirmar que todas estas casas señoriales, aunque muchas estén ahora extintas, florecieron en la primera mitad del siglo XVIII.

Pero es la llamada *gentry*, más que ninguna otra clase social, la que mejor caracteriza la estructura social de la Inglaterra de esa época. La *gentry* es una categoría social que no pertenece legalmente a la nobleza pero que, sin embargo, puede considerarse socialmente como tal; una especie de nobleza menor constituida por los *knights* o caballeros, entre los cuales los *baronets* ocupan el rango superior. Tanto el caballero como el *baronet* tienen tratamiento de *Sir*. En origen el título de caballero estaba reservado a los terratenientes feudales. Pero con Eduardo III y Enrique IV, los miembros de determinadas órdenes, como la de Garter y Bath, así como los titulares de determinados cargos, recibieron esa consideración. Posteriormente, en

1611, Jacobo I estableció la posibilidad de comprar el título de caballero, a cambio de 1.095 libras. Estos caballeros por obra y gracia del peculio se denominaban *baronets* y tenían precedencia sobre los antiguos *baronets* y sólo les antecedía la nobleza. *Baronets* por adquisición surgieron por centenares en los siglos XVII y XVIII y a mediados del XIX eran ya 700. Mediante este procedimiento, una parte considerable de los acaudalados burgueses se integró en la nobleza, Pero lo más relevante de la *gentry* inglesa es la indeterminación de sus fronteras, especialmente respecto al estrato inferior. Como escribe Gneist: "Ningún historiador, ningún jurista puede definir la *gentry*, y esta indeterminación del concepto no es algo fortuito sino que es el resultado del desarrollo histórico y legislativo."

Squire y *gentleman* eran términos para referirse al hombre independiente que vive de sus rentas o de un cargo "respetable". Hoy, como sabemos, estas categorías están difuminándose y a punto de desaparecer. Hasta mediados del siglo XIX se entendía que un hombre debía disponer de determinada renta para pertenecer a la *gentry*, pero ni la magnitud de la renta ni la respetabilidad del cargo tenían una definición legal sino que dependían de la opinión pública del momento. Esta peculiar concepción implicaba que el acceso a la nobleza en Inglaterra venía determinado, casi automáticamente, por el *status* económico. Los ricos ingresaban en la nobleza como consecuencia de su relevancia social.

Al principio, sólo podía ser *gentleman* el terrateniente de estirpe noble o, a lo sumo, un representante de alguna prestigiada profesión liberal, un abogado, por ejemplo. Este era el criterio prevalente aún en esos tiempos de Isabel, que Thomas Smith retrató tan vivamente. Como mucho se podía lograr la condición de miembro de la *gentry* mediante la adquisición de un dominio señorial, si atendemos las palabras de Harrison: "Los villanos y los burgueses forman un rango inmediato al de los señores, aunque con frecuencia cambian sus tierras con los señores, así como éstos con aquéllos, por mutua conversión de unos en otros."

Este concepto cambió a finales del siglo XVII y comienzos del XVIII: ya no se consideraba entonces imposible que los hijos de un acaudalado hombre de negocios se convirtieran en *gentlemen* a la primera o segunda generación. Defoe, por ejemplo, tuvo que tener este fenómeno en mente cuando escribe: "Está lejos el comercio de ser incompatible con el caballero, pues el comercio en Inglaterra hace caballeros y ha poblado esta nación de caballeros; porque al cabo de una o dos generaciones los hijos de los comerciantes, o cuando menos sus nietos, llegan a ser tan perfectos *gentlemen* como los de la más alta cuna o más rancias familias."

Pero esto vale sólo para los hijos o nietos del acaudalado comerciante (la palabra *tradesman* significa en Defoe el comerciante tanto al por mayor como al por menor), ya que la riqueza por sí sola no bastaba para hacer al *gentleman*. El propio Defoe distingue entre el *gentleman*, que incluso puede vivir en la penuria, y el comerciante, aún rico y reconocido. Es decir, el comerciante puede cultivar el trato de los *gentlemen* sólo cuando deja de ejercer y no mientras se dedique al negocio y siga tratando con otros comerciantes. Defoe también señala que muchos miembros de la *gentry* no aceptan que vengan a engrosar sus filas los hijos o nietos de los plebeyos enriquecidos, y menos estos últimos. En esta época, no obstante, el poder del dinero seguirá extendiendo su influencia, hasta acabar imponiéndose, ya en el siglo XVIII.

Postlethwayt, Miege-Bolton[10] y otros escritores de mediados del XVIII tienen ya un criterio más amplio: el *trading-man*, el negociante, y también el comerciante al por mayor, puede ser un *gentleman* tan pronto como deja de dedicarse al negocio. Gregory King, en su sinopsis de los ingresos de Inglaterra (1688), establece una distinción entre el gran mercader de ultramar y el *gentleman*. Los escritores de principios del siglo XIX, siguen sosteniendo, como opinión generalizada, que el trabajo manual y el tener almacenes abiertos al público –el ser tendero– son incompatibles con la condición de *gentleman*; pero no ser propietario de una fábrica o comerciante al por mayor.

Es importante subrayar que durante toda esta fase inicial del capitalismo prevalece la idea de que el objetivo último del hombre rico es acceder a una clase socialmente superior, a la nobleza o a la *gentry*. El carácter aristocrático de estas clases se mantuvo, no obstante, en la medida en que se accedía a ellas no sólo en virtud de la riqueza sino por poseer unas cualidades noburguesas: mantenerse alejado de los negocios, cultivar una tradición familiar, etc., todo lo cual se expresa en la acendrada costumbre del *gentleman* de mostrar un blasón en ropas, muebles, carruajes, etc. Defoe nos habla de tenderos enriquecidos que se afanan rebuscando en sus árboles genealógicos algún "ancestro noble".

La relación entre nobleza y riqueza se hará aún más fuerte cuando los hijos e hijas de ambas clases sociales se casen entre ellos y tengan descendencia. Las uniones entre nobles y *parvenus* eran habituales en Inglaterra, al menos desde la época de los Estuardos. Si sir William Temple señala[11] que, hasta donde recuerda, desde hace unos cincuenta años, las familias nobles se casan con burgueses "por el dinero", entonces podemos situar el inicio de esta mezcla en el reinado de Jacobo I. Un siglo después, estos enlaces debían ser ya muy frecuentes, pues Defoe los considera como cosa natural. Se trataba principalmente de hombres nobles que se casaban, para recuperar el brillo de sus blasones, con ricas herederas de comerciantes. Defoe menciona, dando los nombres de los contrayentes, hasta 78 matrimonios entre nobles con hijas de comerciantes. Un fenómeno por tanto muy extendido, considerando el número de nobles en la Inglaterra del siglo XVIII.

La incompatibilidad entre linaje y negocios perduró más tiempo en Francia que en Inglaterra. "Si existe el desprecio, es hacia el comerciante" (*S'il y a mépris au monde, c'est sur le marchant*). Así recoge un observador la actitud de las clases altas en tiempos de Enrique IV.[12] Un noble de alcurnia podía participar en empresas lucrativas, podía contraer matrimonio con la hija de un rico mercader y podía renunciar al cargo de consejero para aceptar otros mejor remunerados en la esfera de las finanzas, pero seguía profesando desprecio por los plebeyos. Pero, ya en el siglo XVII encontramos a grandes financieros, como Cotteblanche o Du Plessis-Rambouillet, alternando en los círculos aristocráticos y en el siglo XVIII, la alta finanza gana cierta respetabilidad. La gran riqueza acerca a la nobleza al plebeyo, una actitud que La Bruyère expresa con estas palabras: "si el financiero falla en su negocio, los cortesanos le dirán burgués, hombre inútil, grosero; si tiene éxito: pedirán la mano de su hija".

Tanto en la fase precapitalista como en los albores del capitalismo, persiste la idea de que es plenamente compatible con la respetabilidad gastar dinero, pero no ganarlo. Basten estas lapidarias palabras de Montesquieu: "Todo se habrá perdido si la lucrativa profesión del financiero se encamina por el rumbo de la distinción. Las demás clases sociales sentirán cierta repugnancia; el honor perderá su alta significación; los medios naturales y lentos para destacar no producirán ya su efecto, y sufrirán hondo quebranto los principios fundamentales del Poder público."

Estas ideas dominaban no sólo en las clases aristocráticas, sino también en las clases que querían distanciarse de la *misera contribuens plebs*. De ahí que los burgueses más señalados, esto es, los mercaderes más ricos y los propietarios de industrias, se afanaran en distinguirse de los tenderos y artesanos y, sobre todo, en acceder a la nobleza. Es posible que este anhelo se sintiera en Francia con mayor fuerza que en otros países, debido a que la nobleza poseía en Francia unos privilegios que traían consigo no sólo ventajas sociales sino también materiales.

Conviene señalar que, desde el principio de la Edad Media, se observa la inclusión en la nobleza de ricos mercaderes. Un fenómeno que se da en todos los países, incluso con mayor intensidad en la Alta Edad Media que después. Sabemos que en las ciudades alemanas las casas nobles acostumbraban a admitir en su seno a aquellos miembros del Tercer Estado que se hubieran enriquecido con la artesanía o el comercio; hecho que también se registra en las familias nobles de las ciudades italianas, unas familias que desde el principio de la Edad Media contaban con ricos mercaderes en su seno. También en Inglaterra, la nobleza absorbía lo mejor de los integrantes de las artes *sordidae*. Así lo refleja una disposición del rey de Inglaterra Athelstan:[13] "Si un mercader prospera tanto como para cruzar con sus propios medios tres veces el amplio mar, entonces merece poseer tierras del rey". Lo mismo pasó con la nobleza francesa.

No obstante, existe, a mi juicio, una importante diferencia entre el ennoblecimiento del siglo XIII y el del XVIII. Al imperar el feudalismo de manera absoluta y estar constituida la nobleza casi exclusivamente de señores territoriales, la presencia del burgués ennoblecido no transformó en nada el estilo de vida feudal. Esto se debe a la desproporción de peso específico entre la clase que recibía y la persona admitida, de modo que ésta se adaptaba por completo, quedaba absorbida por el medio y, al cabo de un siglo, este nuevo elemento incorporado a la antigua nobleza feudal aparecía mezclado y confundido con ella. Las "antiguas familias" que en 1550 aún quedaban en Génova o Florencia, en Inglaterra o Francia, es decir, las familias cuyo árbol genealógico se remontaba a doscientos o más años, formaban en su conjunto la nobleza feudal, siendo imposible discernir si el fundador había sido hombre libre vulgar, terrateniente, funcionario ministerial o mozo de cuadra. Todas esas familias pertenecían a la nobleza feudal. En cambio, la nobleza que se forma posteriormente, a partir del siglo XVII, estará compuesta de familias nuevas, enriquecidas con el comercio y que, por su gran número, acabarán teniendo un peso determinante sobre la estructura de la clase noble.

Creo, por tanto, que para estudiar las transformaciones sociales ocasionadas por la mezcla de la nobleza con el dinero, no tiene sentido equiparar los pocos casos de ennoblecimiento acaecidos durante la Edad Media con la gran corriente que, desde principios de la Edad Moderna, hará afluir hacia las capas nobles la sangre de burgueses enriquecidos. El buen historiador es justamente el que sabe distinguir las peculiaridades de cada época.

Francia inicia su transformación entre finales del siglo XVI y principios del XVII. Aparecen entonces nuevas vías para la formación de una nueva nobleza: 1ª. Desde Enrique IV en adelante, empieza a ser frecuente la adjudicación de títulos nobiliarios a los industriales, como privilegio para la creación de nuevas manufacturas. 2ª. Por el edicto de la Paulette, de 1684, son declarados transmisibles por herencia los cargos subastados por el Estado, lo cual implica un cambio de sistema, ya que desde entonces la *Grande Robe*, con la que tantos lazos mantenía la mayor parte de la nobleza, pasó a reclutarse, especialmente en el ámbito de la judicatura, entre los nuevos ricos. 3ª. En 1614, se reconoció legalmente la adquisición de las propiedades feudales por burgueses, adquisición que hacía ya tiempo se venía verificando en los hechos. Esta forma de obtener la nobleza ha tenido en Francia una importancia extraordinaria. Eran muchos los nuevos ricos que en el siglo XVIII accedieron a la nobleza comprando propiedades señoriales. Los ricos se adornaban con señoríos, como hoy se adornan con condecoraciones exóticas. Paris-Montmartre, hijo de un modesto tabernero de Moirans, firma en un bautizo con los títulos de conde de Sampigny, barón de Dagouville, señor de Brunoy, señor de Villers, señor de Foucy, señor de Fontaine, señor de Chateauneuf, etc. 4ª La compra directa de títulos nobiliarios: en 1696 se vendieron 500 títulos; en 1702, 200; en 1711, 100.

A tenor de estos datos, no sorprende que la nobleza francesa acabara siendo, casi exclusivamente, asunto de Turcarets ennoblecidos. No exagera Cherrin cuando señala que lo que Francia llama nobleza no es, en los siglos XVII y XVIII, sino un *tiers état enrichi, elevé, decoré, possesioné*. Tampoco exagera el marqués d'Argenson cuando, a mediados del siglo XVIII, escribe que, dada la facilidad de obtener la nobleza mediante el dinero, no hay riqueza que no se convierta en nobleza.

Poseemos datos bastante precisos sobre la composición de la nobleza poco después de la Revolución francesa; unos datos que confirman la exactitud de estos juicios. Existían por entonces 26.600 familias nobles, y de ellas solamente entre 1.300 y 1.400 pertenecían a la vieja nobleza. De las restantes, sólo 4.000 pertenecían a la nobleza de toga. La alta finanza contribuyó poderosamente a la constitución de la nobleza francesa, mucho más de lo que expresan estas cifras, si tenemos en cuenta los numerosísimos matrimonios de nobles de viejo título con ricas herederas de la clase baja.

Este proceso de fusión alcanza su apogeo a principios del siglo XVII, si atendemos las quejas del viejo y gruñón marqués de Sully, que se lamenta: "las ideas han cambiado, el oro lo puede todo, hasta la nobleza piensa sobre esto como el pueblo y no duda en contraer alianzas vergonzosas". Ciento cincuenta años después, las mentes aristocráticas pensaban de manera completamente distinta. En 1752, L'Ecluse, editor de las *Mémoires* de Sully, se sintió en deber de añadir una nota de desagravio que corrigiera las duras palabras del marqués. Fue en esta misma época cuando el duque de Picquigny contrajo matrimonio con la hermana del financiero La Moson-Montmartre, que traía como dote la nimiedad de 1.700.000 libras. La duquesa de Chaulnes comentó entonces a su hijo: "Hijo mío, este matrimonio es excelente; es preciso echar estiércol a las tierras." La descripción que de esta época nos hace el clarividente Mercier es seguramente fiel a la realidad: "La dote de casi todas las esposas de nuestros señores ha salido de la caja de los banqueros. Celebro ver a un conde o vizconde cortejando a la hija de un rico financiero, o al financiero que, presumiendo de riqueza, pide la mano de alguna joven de noble pero arruinado apellido".

Basten unos pocos ejemplos, para reflejar las condiciones sociales del siglo XVIII (unas condiciones no muy distintas a las de los siglos XIX y XX). Uno de los hijos de Samuel Bernard, conocido como "el judío Bernard", será conde de Coubert y se casará con madame Frottier de la Coste Messeliére, hija del marqués de la Coste. El otro hijo comprará el cargo de presidente del Parlamento de París, será conde de Rieur y tendrá como esposa a madame de Boulainvilliers. El "judío Bernard" llegará a ser abuelo de las condesas de Entraygues, de Saint-Simon y de Courtorner y de la condesa de Apchon, futura marquesa de Mirepoix. Antoine Crozat, cuyo abuelo había sido un simple criado, casó a su hija con el conde de Evreux, de la casa principesca de Bouillon. Su segundo hijo, barón de Thiers, se casó con madame de Laval-Montmorency y sus nietas se casaron con el marqués de Béthune y el mariscal de Broglie. El hermano de Crozat casó a su hija con el marqués de Montsampére, señor de Gléves. Una parienta del duque de la Vrilliére se casó con Panier, un *parvenu*. El marqués de Oise concertó su matrimonio con la hija del norteamericano André, cuando la prometida tenía tan sólo dos años, recibiendo a cambio 20.000 libras de renta anual hasta la celebración efectiva del matrimonio y cuatro millones de dote. La hija de Berthelot de Pleneuf, amante del regente, se casó con el marqués de Prie. La señorita de Prondre se convirtió en madame de La Rochefoucauld. Le Bas de Montargis se convirtió en suegro del marqués de Arparon y abuelo del conde de Noailles y del duque de Duras. Olivier-Senozan, cuyo padre era trapero, casó a su hija con el conde de Luce, futuro príncipe de Tingry. Villemorien dio la suya al marqués de Béranger, etc. etc.

¿No es todo esto muy similar a esas historias de ahora sobre matrimonios de ricachonas yanquis con nobles europeos?

II. La gran ciudad

1. Las ciudades de los siglos XVI, XVII y XVIII

Uno de los hechos que más han influido en el desarrollo de la cultura y que, en última instancia, puede entenderse como una consecuencia de cuanto expuesto en el anterior capítulo, es el rápido aumento que muchas ciudades registran en el número de sus habitantes a partir del siglo XVI. Esto determina la creación de un tipo nuevo de ciudad: surge la urbe, la gran y populosa ciudad, con cientos de miles de habitantes. A finales del siglo XVIII, Londres o París se parecen ya mucho a las ciudades actuales con más de un millón de habitantes.

En el siglo XVI, son ya trece o catorce las ciudades con 100.000 o más habitantes.[1] En primer lugar están las ciudades italianas: Venecia (168.627 en 1563; 195.863 en 1577), Nápoles (240.000), Milán (unos 200.000), Palermo (aproximadamente 100.000 en 1600), Roma (en 1600, en torno a 100.000), mientras que Florencia tiene, en 1530, sólo 60.000 habitantes. Siguen las ciudades españolas y portuguesas –Lisboa (en 1629, 110.800) y Sevilla (100.000 habitantes aproximadamente a finales del XVI)– y luego las flamencas -Amberes (104.972 en 1560) y Amsterdam (104.961 en 1662).

París, contra cuya excesiva extensión se publicaron, como veremos, edictos reales a mediados del siglo, perdió mucha población como consecuencia de las guerras religiosas. En 1594 tenía, aproximadamente, 180.000 habitantes. Londres creció rápidamente y a principios del XVII ya tenía las características de la gran urbe: 250.000 habitantes en 1602. Durante el siglo XVII algunas de estas grandes ciudades perdieron población: Lisboa y Amberes bajaron de los 100.000; lo mismo ocurrió con Milán y Venecia. En cambio, otras, como Madrid o Viena (130.000 habitantes en 1720) pasaron a la categoría de grandes ciudades. Roma tiene, a fines del siglo, 140.000 habitantes; Amsterdam, 200.000; París llega al medio millón y Londres supera esa cifra (674.350 en 1700).

Si Londres crece en ese siglo lentamente, París lo hace rápidamente, especialmente durante los reinados de los dos primeros Borbones. Abundan entonces los edictos prohibiendo la construcción de nuevas viviendas, a fin de contener el crecimiento de la ciudad. (Prohibiciones que exteriorizan una preocupación parecida a la que manifiestan las ordenanzas de los gremios: la resistencia frente al crecimiento desmedido de un cuerpo orgánico, la oposición a la tendencia capitalista a desconsiderados engrandecimientos y cuantificaciones.

Las prohibiciones, como se sabe, de nada sirvieron, y si entre 1627 y 1637 los edictos se repiten, ese será precisamente un decenio en el que París se desarrolle extraordinariamente. "Entre el París de Luis XIII y el de la Liga –dice el historiador Baudrillart– hay más diferencia que entre el de la Liga y el de la Tercera república." Los contemporáneos percibían vivamente el cambio. Recuérdense los versos de Corneille en su comedia *Le menteur* de 1642 (acto II, escena V):

Toute une ville entière, avec pompe bâtie
Semble d'un vieux fossé par miracle sortie
Et nous fair présumer, à ses superbes toits,
Que tous ses habitants sont des dieux ou des rois.

["Una ciudad entera, construida con magnificencia, parece salida por milagro de un viejo foso, y nos hace pensar, con sus tejados soberbios, que todos sus habitantes son dioses o reyes."]

A lo largo del siglo XVIII: Moscú, Petersburgo, Viena o Palermo (200.162 en 1795) superan los 200.000 habitantes. Dublín pasa de 8.159 en

1644 a 128.870 en 1753 y 182.370 en 1798. Hamburgo, Copenhague y
Varsovia se acercan a los 100.000 habitantes. Berlín pasa de 141.383 (1783),
Lyon, de 135.207 (1787). Nápoles se acerca al medio millón (435.930 en
1796); Londres, al millón (864.845, en el censo de 1801) y París, al estallar
la Revolución, cuenta entre 640.000 y 670.000 habitantes.

2. Formación y estructura de las grandes ciudades

Al analizar las causas del crecimiento de las ciudades, se advierte que
siguen operando los mismos elementos que en la Edad Media formaron los
burgos. Las grandes ciudades de la etapa inicial del capitalismo son fundamentalmente consumidoras y los mayores consumidores son precisamente: príncipes, eclesiásticos, nobles, a los que, ahora, se suma un nuevo
grupo procedente de la "haute finance" (que constituye una clase consumidora, sin menoscabo de su función "productiva" en el tejido político-
económico). Las grandes ciudades se expanden, porque ahí reside la
mayoría de los consumidores. La expansión de las ciudades se debe, por
tanto, a que concentran el consumo de un país.

La verdad de este concepto puede demostrarse *a contrario*, recordando
que los productores, es decir, el comercio y la industria, no han sido histó-
ricamente capaces de asentar el desarrollo de ciudades que superaran un
tamaño intermedio. Ciudades puramente mercantiles, como Bristol, que
un viajante del siglo XVIII consideraba "como la mayor y más poblada de
la isla y una de las mayores de Europa", tenía, en verdad, no más de 30.000
habitantes, al igual que otras prósperas ciudades comerciales de esa época:
Exeter, Lynn, Norwich o Yarmouth. Para entonces, Londres ya había supe-
rado el medio millón.

La industria tampoco es capaz de desarrollar grandes ciudades. Los centros industriales del siglo XVIII, las ciudades mineras o los núcleos de
manufacturas familiares, como Newcastle, Glasgow, Leeds, Manchester o
Birmingham, en Gran Bretaña; Iserlohn, Paderborn, Hirschberg o Jauer,
en Alemania, son ciudades medianas o pequeñas. Ni Gran Bretaña ni

Alemania tienen, antes de finales del XVIII, ciudades de más de 100.000 habitantes, salvo por Londres y Berlín.

Analizando el caso de ciudades comerciales como Amsterdam o Hamburgo, se advierte que su crecimiento no se debió al comercio. Quizá Lyon sea el único caso de un núcleo industrial que alcanza tamaño de gran ciudad antes del siglo XIX: pero conviene recordar que junto a su importante industria suntuaria desarrolló también una notable industria financiera.

Pero tampoco es difícil demostrar *en positivo* que la concentración del consumo está detrás del crecimiento inicial de las ciudades. Un crecimiento que, con independencia de las características de cada país, se dio en todas partes ante la presión del incipiente capitalismo. Intentaré demostrarlo tomando como ejemplo las ciudades más importantes de los siglos XVII y XVIII.

1. *Berlín*. La corte, los funcionarios y los militares impulsaron por sí solos el proceso urbanizador. Las primeras señales de crecimiento rápido aparecen en la segunda mitad del siglo XVIII, y su población supera los 100.000 habitantes en 1760. Pero durante todo el siglo, Berlín será una ciudad fundamentalmente de militares y funcionarios y, por eso mismo, una ciudad pobre. En 1783 la guarnición militar, con mujeres e hijos, contaba nada menos que con 33.088 individuos, es decir, 23 por 100 de los 141.283 habitantes de la ciudad (en 1895, el acuartelamiento reúne a 29.448 individuos, tan sólo 1,8 por 100 del total). Los funcionarios del Estado y del Municipio eran 3.433 –unas 13.000 personas, contando sus familias. A esto se agregan 10.074 sirvientes domésticos. Estos tres segmentos, representan más de los 2/5 de la población total. Lo pobres que debían de ser todos estos asalariados, se deduce del hecho de que no podían proporcionar viviendas y ocupación más que a un número igual de personas; en el París o en el Londres de entonces, una población de 50.000 asalariados hubiera dado vida a una ciudad de 200.000 a 300.000 almas, cuando menos.

2. *Amsterdam* también surgió como ciudad cortesana. El traslado de la corte, hacia finales del siglo XVII, produjo en ella considerables perjuicios en todos los órdenes. Pero no tardó en recuperarse para convertirse en la capital de los banqueros de casi toda Europa, en una ciudad que consumía los beneficios del imperio más próspero del momento.

3. *Venecia* se parece en esto a Amsterdam. Su considerable riqueza colonial alimentará una numerosa clase de rentistas, basada en la posesión de tierras. Se sabe que, ya en el siglo XV, "muchas familias habían adquirido en Creta grandes fortunas y residían en Venecia, gastando sus rentas". Conviene recordar que, antes de la pérdida de sus colonias, Venecia era la capital del tercer Estado más grande de Europa. Las fortunas que se gastaban en Venecia determinaron un estilo de vida hecho de lujo y placeres que atrajo a numerosos extranjeros. En el siglo XVI, Venecia era, después de Roma, la ciudad más atractiva: *sede principalissima del piacere* según una carta de 1565. *Paradisus delitiarum* la denomina Hentzner en su *Itinerarium*.[2] Las diversiones y las mujeres eran sus principales reclamos.

4. *Roma*, según Gregorovio la "única metrópoli", debido a su gran extensión, reunía en el siglo XVI varias y numerosas categorías de consumidores. Primero, el Papa –que vivía de las rentas de San Pedro, y a menudo también de considerables rentas propias– y toda su corte. Luego, los peregrinos; se dice que en el año 1500 llegaron 200.000 a la ciudad. Tercero, los cardenales y monseñores. Cartesio de Cardinalatu dice que en el siglo XV un cardenal debía tener una renta de 12.000 florines de oro y un séquito de aproximadamente 140 personas. Algunos cardenales tenían ingresos de 30.000 ducados o más. Cuarto, los "nipoti" de los Papas a los que se agraciaba con grandes fortunas. Pietro Riario, hijo de Sixto IV, tenía una renta de 60.000 florines. Y, por último, las grandes casas nobiliarias –los Orsini, los Colonna, etc.–, dueñas de las mayores fincas y usufructuarias de cuantiosas rentas.

Durante el período de Aviñón, Roma decayó. Después de la muerte de Clemente V, el cardenal Napoleón Orsini señaló al monarca francés que, a causa del traslado de los papas, Roma estuvo al borde de la perdición. En 1347, Cola di Rienzi sostiene que Roma se parece más a una guarida de ladrones que a una ciudad de personas respetables.[3]

5. *Madrid.* Lo que Roma y Venecia fueron en los siglos XV y XVI, lo será Madrid en el XVII, una *metropolis*. En Madrid estaba la corte del monarca más poderoso del orbe. Madrid era la capital del imperio más grande del mundo. A Madrid afluyen los tesoros de América. No es de extrañar, por tanto, que la ciudad atrajera a todos los que en España poseían poder y riquezas. El más vivo anhelo era ser admitido en la corte. Los cargos palatinos, concedidos por el monarca, eran codiciados por los hijos de los nobles. La nobleza afluyó a Madrid, especialmente tras la ascensión de Felipe III; y esto hizo que la ciudad ganara rápidamente en importancia. "Los lugares particulares –dice un escritor de la época– se ven despoblados de los vecinos ricos y poderosos".[4] Madrid, era entonces, siempre después de Roma, la gran ciudad moderna, que recibía a numerosos visitantes que acudían a divertirse. A Madrid se la llamaba "la noble posada de los extranjeros".[5]

6. *Nápoles.* Si durante el siglo XVII, Madrid fue la tercera, o quizá la segunda, gran ciudad de Europa (400.000 habitantes, al parecer, en el período de mayor esplendor), luego fue Nápoles la que creció a gran ritmo, hasta acabar colocándose inmediatamente detrás de Londres y París. Nápoles es un ejemplo perfecto de la tesis que estamos sosteniendo: que el crecimiento de las primeras grandes ciudades se debe a la concentración del consumo. Nunca fue otra cosa que sede real, y capital del primer Estado unificado de la península italiana, con su administración centralizada y sus órganos de justicia.

El esplendor y riqueza de Nápoles se deben a dos fuentes: la corte y la Iglesia. Ya lo sabían los contemporáneos: *regis servitium nostra mercatura est* (servir al rey es nuestro negocio) dice Caraccioli, cuya obra refleja bien la estructura social de la ciudad. En efecto, el número de empleados reales era verdaderamente extraordinario, y el sistema fiscal estaba muy bien organizado, siendo una fuente fundamental de ingresos. Quien conociera las altas esferas de Nápoles podía pensar, como dice Folieta, que "hay un sinfín de jurisperitos, abogados y escribanos". Tras consolidarse la dominación española, el rey dejó de residir durante un tiempo en Nápoles y la corte perdió influencia: la ciudad decayó, los barones redujeron sus séquitos, la vida pública perdió brillo, la ciudad se despobló, las rentas mermaron. Todo porque Nápoles había dejado de ser la ciudad del monarca. Pero todo cambió cuando España puso de nuevo un rey en Nápoles: volvió la vida cortesana con su esplendor y la población aumentó rápidamente.

7. *París*. Cuando Lavoisier, el fundador de la química moderna, dedicó sus notables capacidades a defender el "bien público" proponiendo en la Asamblea Nacional una reforma fiscal, llevó a cabo un cálculo muy interesante para determinar la cantidad y valor de las mercancías que llegaban a París para ser consumidas. Sus minuciosas sumas indican que los parisinos gastaban cada año 250 millones de libras en artículos de consumo para sí mismos y 10 millones para alimentar a sus caballos. ¿Cómo pagaban tantos millones? La respuesta de Lavoisier proporciona, de paso, una estimación muy notable de la composición de la población parisina justo antes de la Revolución.

Según Lavoisier: unos 20 millones los producían las manufacturas y el comercio de la ciudad; 140 millones correspondían a los pagos que recibía París del Estado (intereses de la deuda y pago de sueldos), y 100 millones procedían de rentas agrarias y de beneficios de las manufacturas generados fuera de la villa. Salvo por una pequeña cantidad, París era, por tanto, una ciudad esencialmente consumidora, que vivía de la corte, de los funcionarios, del crédito público y de las rentas agrarias.

Lo mismo reflejan los testimonios de la época, a los que, a falta de más datos numéricos, hemos de atenernos. Mirabeau, el autor de *L'ami des hommes*, estima que abandonarían la ciudad unas 200.000 personas, si se cumpliera su propuesta de mandar a provincias a todos esos oficiales reales espléndidamente pagados; a todos esos terratenientes que viven en París para atender sus litigios, si se lograra convencerles de que pueden resolverlos en los tribunales de sus pueblos; y tercero, a todos los litigantes forzados.

Según la opinión de Mirabeau y de todos los fisiócratas, "hay una mala distribución de la población y de las riquezas, porque todos los señores, todos los ricos, todos los que poseen rentas o pensiones suficientes para llevar una vida cómoda, fijan su residencia en París o en cualquiera otra ciudad, donde gastan las rentas de la deuda del reino. Estos gastos atraen a multitud de comerciantes, artesanos, criados y trabajadores". En torno de estos rentistas, a los cuales se añadían los "hacendistas, cuyas cajas se nutren directamente del tesoro real", se genera una industria del lujo muy refinada y desarrollada, pues "el terrateniente, un rústico en sus tierras, se convierte en París en un *arbiter elegantiarum* y da ideas nuevas al artesano que, elevándose así por encima de su rutina, se hace ilustre en su arte".[6]

Mercier, con su estilo penetrante, describe cómo todos los oficios y comercios viven sólo del gasto de los ricos, que vienen a ser, por tanto, los verdaderos pilares de la ciudad: "¿Cómo encontrar medios para subvenir a esta muchedumbre de necesitados, que no viven sino del lujo de los grandes?... Se ven en esta capital a hombres que pasan su vida haciendo juguetes para niños. Los barnices, los dorados, las decoraciones ocupan a un ejército de obreros. Cien mil brazos empléanse a diario en fundir dulces y en preparar postres. Cincuenta mil manos, empuñando peines, esperan el despertar de todos los ociosos, que vegetan creyendo vivir y que, para desquitarse del tedio que les abruma hacen dos *toilettes* al día."

Los fisiócratas suelen olvidar en sus descripciones que una parte nada despreciable de la población de París vive de los ingresos de la Iglesia y sus servidores. Escribe Mercier: "París está lleno de abates, clérigos tonsurados, que no sirven ni a la Iglesia ni al Estado, que viven en continua ociosidad y no hacen más que inutilidades y naderías... En muchas casas hay un abate, a quien se da el nombre de "amigo de la familia", pero que no es sino un honrado lacayo que manda a los de librea... Vienen después los preceptores, que también son abates...".[7]

También debemos a Mercier el único cuadro digno de crédito que existe sobre los diferentes grupos de población en París al acabar la época del capitalismo inicial: "Hay en París ocho clases de habitantes, claramente distintas: 1. Príncipes y grandes señores. 2. Gentes de toga, que se dividen en: a) abogados, b) eclesiásticos, c) médicos. 3. Hacendistas, desde el arrendador general hasta el prestamista de portal. Los agentes de cambio, esos nuevos buitres, ocupan el centro de este cuerpo devorador, despreciable y despreciado. 4. Negociantes o mercaderes que viven de los grandes señores; mas como los grandes no compran nada al contado, los mercaderes están obligados a ir todos los días a humillarse ante ellos o ante sus criados. 5. Los artistas: pintores, arquitectos, escultores (clase baja), compositores de música (clase superior), hombres de letras (clase suprema o *nobilitas literata*). 6. Los artesanos. 7. Los obreros manuales. 8. Los lacayos. 9. El pueblo llano." (Aunque anuncia ocho clases, Mercier enumera nueve.)

"Hay, sobre todo, una multitud de improductivos: las numerosas colonias de frailes, los nobles, los procuradores, los escribanos, los guardias, los clérigos, millares de vagos, rentistas, cocheros, mozos de cuadra, postillones y los extranjeros, que vienen en enjambres."

8. *Londres*. Pujante corte real, en torno a la cual se congregan desde finales del siglo XVI numerosos señores feudales que gastan aquí sus rentas. Este es el núcleo fundamental de Londres aún en el siglo XVII. La gran atracción que la capital ejerce sobre la *nobility* y la *gentry* en el siglo XVII queda reflejada en los numerosos edictos –promulgados, curiosamente, por los dos primeros Estuardos– que pretenden frenar la propensión de los *gentlemen* de campo a establecerse en Londres.

"El rey su muy excelente majestad observa que en estos años una gran cantidad de gente de la *nobility* y la *gentry*, y otras personas de su Pueblo con sus familias se han trasladado a las ciudades de Londres y Westminster, y lugares adyacentes, donde han establecido residencias más que en épocas anteriores... no tienen otro empleo que vivir sin servir a su Majestad o su Pueblo; gran parte de su dinero y riqueza procede de los distintos lugares donde se produce y lo gastan en la City con gran aparato... y muchos vagabundos y ociosos, que los siguen y viven en la ciudad y sus alrededores, y el desorden crece ahí tanto. . ."

Estas disposiciones que limitan el derecho de residencia conocen la misma suerte que los decretos que pretenden que el río vuelva a su fuente: no se tienen en cuenta. A lo largo del siglo XVII la migración de terratenientes hacia a Londres se intensificó y determinó el rápido crecimiento demográfico de la ciudad. A finales del siglo, Londres es descrita como "el poderoso *rendez-vous* de *nobility*, *gentry*, cortesanos, juristas, médicos, comerciantes, navegantes, artistas y todo tipo de creadores del más refinado ingenio y de las bellezas más excelentes".

Con el cambio de siglo, aparece un nuevo grupo ciudadano para seguir impulsando el crecimiento de la ciudad: el formado por acreedores del Estado y por grandes financieros. En el siglo XVII Londres tenía ya una importante red bancaria. Baste señalar que una emisión de acciones hecha por el Banco de Inglaterra valorada en 1.200.000 libras quedó suscrita en pocos días (entre el 21 de junio y el 2 de julio de 1694). David Hume subraya la fuerza urbanizadora de la Deuda pública: "Nuestra Deuda nacional causa una gran confluencia de gente y riqueza en la capital, gracias a las grandes sumas sustraídas de las provincias para pagar los intereses de la deuda."

A mediados del siglo XVII el mundo elegante aún vivía en la City, en el centro de la ciudad, pero la nobleza no tardará en trasladar sus palacios a las afueras de la ciudad. Si las vivas descripciones de Bolton del proceso de transformación de Londres a mediados del siglo XVIII hablan aún de una ciudad distinguida precisamente debido a la presencia de la nobleza, Defoe ya habla de hasta diecisiete zonas próximas a la capital "engrandecidas por las ricas casas y palacios de la nobleza y de la *gentry*".

Para intentar evaluar el peso relativo de los distintos elementos urbanizadores en el Londres del XVIII, he hecho un cálculo parecido al que hizo Lavoisier con París, aunque siguiendo otro método. He llegado a un resultado que, aunque naturalmente no puede pretender ser exacto, se asemeja mucho a la estructura de segmentos de población dada por Lavoisier para París.

Londres y París serían, en este sentido, parecidas, radicando la diferencia en el mayor peso del comercio en la ciudad inglesa.

Las descripciones de Londres, como la de Chamberíayne, hacen mucho hincapié en la importancia del comercio como elemento creador de la ciudad. La presencia del comercio saltaba a la vista de cualquier observador. Las cifras demuestran, sin embargo, que el comercio sólo pudo dar sustento a una pequeña parte de la población londinense. El valor total de las importaciones y exportaciones inglesas en 1700 se acercó a los once millones de libras, es decir, unos 214 millones de marcos, que viene a ser lo que solo el puerto de Bremen movía a mediados del siglo XIX. El tonelaje total de los barcos que entraron y salieron de todos los puertos de Inglaterra en 1688 sumaba 285.000 toneladas, que viene a ser lo que solo el puerto de Hamburgo recibía en 1800. Es decir que, más allá de la real importancia del comercio londinense en aquella época, no conviene exagerar ni dar por buenas descripciones que habían de "un número infinito de naves cuyos mástiles semejan un bosque" (Themas) o "un sinfín de tiendas rebosantes" (Chamberlayne). Para entender el verdadero peso del comercio en el desarrollo de Londres, conviene tener en cuenta los siguientes cálculos.

En 1700 el valor de las importaciones y exportaciones de Inglaterra era de casi 11 millones de libras. Si estimamos en un 10 por 100 el beneficio medio sobre ese valor, resulta un ingreso neto de 1.100.000 libras. Suponiendo, exagerando, que el comercio de Londres representa dos terceras partes del comercio general de Inglaterra, tenemos una suma de 750.000 libras, como beneficio neto de los comerciantes londinenses. Considerando, como hace King, que en 1688 el ingreso medio anual de una familia artesana era de 40 libras y el de una familia obrera, 15 libras. El beneficio generado por el comercio podría haber dado sustento a 7.000 familias de artesanos y 24.000 de obreros, o 12.000 familias de cada una de estas clases. King calcula el número de los miembros que constituyen cada familia en 3,5 a 4. Por lo tanto, el comercio habría dado sustento a unas 100.000 almas londinenses, es decir, entre una sexta y una séptima parte de la población total de la ciudad. Por otro lado, hay que tener en cuenta que el comercio de Londres era un elemento dinamizador del crecimiento de la ciudad sólo para ese comercio que no se limitaba a proveer a la propia población londinense. Lo cual reduce todavía más la proporción del beneficio neto capaz de dar sustento.

Como base para establecer comparaciones, podemos analizar la lista civil de los monarcas de Inglaterra. En 1696 el Parlamento otorgó a Guillermo III una lista civil de 700.000 libras. La reina Ana recibió la misma cantidad. En tiempos de Jorge I y Jorge II, la lista aumenta, respectivamente, a 800.000 y 900.000 libras. El príncipe de Gales, por su parte, recibía 100.000 libras. Así, el rey, la reina madre y el príncipe heredero disponían por sí solos de rentas y recursos equivalentes a las de todos los comerciantes de Inglaterra y podían dar sustento a un segmento de población equivalente al que vivía del comercio.

Estas cifras están tomadas de la obra de Miege-Bolton. Esta misma obra recoge un cuadro bastante completo de los sueldos de los militares y funcionarios civiles de Inglaterra; y puede apreciarse la existencia de unos sueldos increíblemente altos para los más altos funcionarios, sueldos de 1.000 o hasta 2.000 libras. Para que un comerciante, pudiera ganar 2.000 libras tendría que hacer ventas por valor de 200.000 libras, es decir, 1/40 de las ventas totales de Londres.

La participación que corresponde a cada factor en la formación y estructura de Londres es, pues, según mi cálculo, la siguiente: dos sextas partes del pueblo londinense viven del rey y de la corte; una sexta parte vive de la clase de funcionarios; dos sextas partes viven de los terratenientes y acreedores del Estado (alta finanza), y una sexta parte vive del ejercicio de la industria y del comercio.

3. Las teorías de la ciudad en el siglo XVIII

La descripción que hemos hecho de la estructura social de la ciudad en los albores del capitalismo viene avalada por las numerosas "teorías de la ciudad" del siglo XVIII, que nos permiten sacar conclusiones sobre la naturaleza de la urbe en aquella época. Aunque la mayor parte de los tratadistas creían estar describiendo el origen y las condiciones de desarrollo de la ciudad en abstracto, sus teorías no son, en realidad, sino generalizaciones en torno a la estructura municipal que podían observar directamente. Citaré algunos extractos de los más estimados autores que escribieron sobre problemas urbanos.

A mi entender, Cantillon es, como en muchos otros ámbitos de la economía política del siglo XVIII, el precursor de la teoría de la ciudad. Así entiende el origen de la ciudad:

"Si un príncipe o un señor... fija su residencia en algún lugar grato y si otros señores acuden allá y se establecen para verse y tratarse en agradable sociedad, este lugar se convertirá en una ciudad con casas grandes para los referidos señores. Se construirán también otras muchas casas para los mercaderes, artesanos y otros profesionales, que la residencia de aquellos señores traerá. El servicio de los citados señores requerirá panaderos, carniceros, cerveceros, vinateros, fabricantes, que construirán casas o alquilarán los locales construidos por otros negociantes... Todas las casas pequeñas de una ciudad, como la aquí descrita, dependen de las grandes casas... La ciudad crecerá más si el rey o el Gobierno establecen en ella tribunales de justicia... Una capital se forma de la misma manera que una ciudad de provincia. Todas las tierras del Estado contribuyen más o menos a la subsistencia de los habitantes de la capital."[8]

Esta teoría la vemos reproducida con ligerísimas variantes en la mayor parte de los tratados de aquella época acerca de la formación de las ciudades. La teoría fue elaborada especialmente por los fisiócratas, por cuanto era básica para sus doctrinas, pero fue aceptada igualmente por muchos otros tratadistas, fisiócratas no ortodoxos.

Además de al desarrollo urbano, la economía política del siglo XVIII dedicó especial atención al destino que debía darse a las rentas territoriales y al fenómeno del lujo en el desarrollo del consumo. Se trata, en efecto, de tres cuestiones relacionadas entre sí: las rentas se gastan en las ciudades, el consumo de lujo se da en las ciudades, las ciudades crecen. ¿Por qué aumenta la población urbana? ¿Por qué los ricos gastan sus rentas en la ciudad? ¿Qué influencia tiene el modo de gastar sobre la marcha de la economía general? Son las preguntas de entonces.

La obra de Quesnay *Questions intéressantes sur la population, l'agriculture et le commerce* basta para demostrar de qué modo tan íntimo están ligadas en la bibliografía de aquella época las cuestiones del lujo y de la formación de las ciudades. Las veinte "cuestiones" del capítulo "Ciudad" están dedicadas al problema de la relación entre la formación de las ciudades y la circulación económica. Véase, por ejemplo, la cuestión XV: "Si las grandes fortunas que se forman en las grandes ciudades no son perjudiciales a la agricultura..., ¿no prueban que las riquezas se acumulan en las ciudades y no vuelven a los campos?". O la cuestión XVIII: "Si el restablecimiento de las rentas de los bienes inmuebles exige que los propietarios y los que pueden hacer grandes gastos residan en los campos, ¿no es el consumo que se hace en las ciudades tan provechoso para los campos como si se hiciese en el campo mismo?" En el capítulo dedicado a la "Riqueza", dice, artículo VI: "Desde que los grandes y los ricos se han retirado a la capital, ¿no se han hecho mayores sus gastos y no hay por ello motivos para pensar que el lujo aumenta? ¿No ha sido el lujo siempre acorde a las riquezas de la nación?", etc... Quesnay se basa en Cantillon, cuyo magnífico *Ensayo* trata en su primera parte el mismo problema. Véase, por ejemplo, el capítulo XIV, cuyo título –*Las fantasías, modos y maneras de vivir del príncipe, y en particular de los propietarios de las tierras se destinan en un Estado, y causan, en el mercado, las variaciones de los precios de todas las cosas*– contiene todo un programa.

Otros autores también retoman la teoría de Cantillon, por ejemplo, Heelvetius: "Las riquezas de esta ciudad atraen los placeres. Para gozar de ellos y compartirlos, los ricos propietarios abandonan el campo, pasarán algunos meses en dicha ciudad, construirán en ella casas. La ciudad crecerá cada día más... Esta ciudad llevará, en fin, el nombre de capital".9 O, también Mirabeau.10 Entre los italianos hay que citar a Beccaria y a Filangieri. En Inglaterra, la teoría de las ciudades de Stewart reproduce, en última instancia, los pensamientos de Cantillon.

III. La secularización del amor

1. El triunfo del amor ilegítimo

No sé de otro fenómeno más importante para la configuración de la vida medieval y moderna que la transformación de la relación entre los sexos desde la Edad Media hasta el siglo XVIII. A mi entender, la comprensión de la génesis del capitalismo moderno depende de la capacidad de tomar en consideración los cambios acaecidos en este importante ámbito de la actividad humana: las relaciones intersexuales.

El cambio en las concepciones del amor y de las relaciones amorosas fue ante todo, claro está, un proceso interno referido a las opiniones que merecían el amor y las relaciones amorosas. Tenemos en este sentido dos tipos de fuentes para abordar el análisis del proceso: los comentarios y reflexiones de hombres y mujeres representativos y las manifestaciones y acciones de esta misma gente. Los comentarios pueden ser reflexiones *ad hoc* sobre el amor, como en los tratados *ne' quali si ragiona d'amore*, como dice Pietro Bembo en *Gli Asolani* (diálogos publicados entre 1497 y 1504), o también en las poesías y otras obras de arte que reflejan "el espíritu de la época". Sobra decir que el "espíritu de la época" es el de una determinada clase social: la corte, la nobleza y sus imitadores. La vida amorosa de la clase burguesa tendrá, de hecho, un desarrollo diametralmente opuesto al de los caballeros, y este contraste social acabará dando origen al sentido capitalista de la empresa.

Como las olas del mar, los distintos modos de vida se van sucediendo. La ola que ahora nos lleva no tiene nada que ver con la que en su ascensión y decadencia queremos estudiar aquí. Si las actitudes morales y sociales las dictan asambleas gremiales o municipales o los sermones de Calvino o John Knox, que delimitaron los conceptos de la decencia burguesa, lo cierto es que, incluso dentro de un mismo círculo socio-cultural, los desarrollos no son rectilíneos, sino que conviven tendencias opuestas. De ahí que, sólo en un sentido general, se pueda hablar de una evolución uniforme en la concepción y práctica del amor en nuestra edad moderna.

La Europa medieval puso el fenómeno universal del amor, como toda actividad humana, al servicio del orden superior: de Dios. El amor secular se consagraba en la religión, se orientaba hacia objetos celestiales (como el culto a María) y era institucionalizado a través del matrimonio como hecho querido y bendecido por Dios. El amor no avalado ni institucionalizado por Dios llevaba el estigma del "pecado".

La primera manifestación de una nueva concepción del amor la encontramos en los trovadores, es decir, en el siglo XI. Pasado el año 1000, el año del terror, cuando se descubren nuevas minas de plata y se intensifican las relaciones comerciales con Oriente, empieza el proceso de secularización del amor.

En Provenza, que en los siglos XI y XII era conocida como una "tierra de promisión, alegre y dulce, en medio de la tormenta", fue el primer lugar en el que se oyeron las voces de un amor terrenal libre: fue en las canciones de los *troubadours*, cantadas ya desde el año 1090 y que alcanzarían su apogeo entre mediados del siglo XII y mediados del XIII. Los *minnesängers* harán lo propio en tierras germánicas. Pero será, sobre todo, en Italia donde aparezcan numerosos poetas líricos que sólo canten al amor. Una antología que tengo ante mis ojos reúne nada menos que 123 poetas anteriores a los tiempos de Dante.[1]

La lírica del *minnesang* podrá parecemos hoy falsa, afectada, artificiosa, pero precisamente en esto radica el que pueda considerarse como el comienzo del amor moderno. Hay ahí un erotismo ingenuo que deifica a la amada, que languidece y suspira, que se agota en devoción y fantasía. La sensualidad no aparece hasta principios del siglo XIII, y no sabemos si la tradición de los trovadores tuvo continuidad en la sociedad que se formará en torno a la corte de los papas de Aviñón o de la Fiammetta de Boccaccio. A tenor de las palabras de Ulrich von Lichtenstein, la época del *minnesang* no fue más que un episodio que la minó en el siglo XIII. En su *Wrouwenbuch* (1257), se lamenta de que "las mujeres ya no son tan libres como antes en su trato con los hombres; ya no lucen hermosos vestidos, se cubren el rostro con tupidos velos y se adornan el cuello devotamente con rosarios. Ha desaparecido aquel alegre goce de la vida que hacía tan agradables los años anteriores. Los hombres ya sólo se divierten cazando; salen al alba con sus perros y regresan fatigados por la tarde, y en lugar de estar con las damas pasan el tiempo jugando a los dados y bebiendo con sus camaradas".[2] Quizá esto ocurrió, aunque sólo en Alemania. De hecho, salvo por escasas excepciones, Alemania no destacará en la historia del amor hasta una época muy posterior: la Weimar de Goethe.

En los países del Sur todo indica que el estilo de vida cantado por los trovadores siguió desarrollándose. Sin duda, el sentimiento que se manifiesta en el *Decamerón* es una continuación directa de la exaltación lírica de los siglos anteriores: es la reacción de una sana sensualidad contra un idealismo extremado, una reacción que se expresa, en un principio, con formas pueriles. En cierto modo, se vuelve a descubrir el placer del sexo; el despojar de sus velos y vestidos a las mujeres produce insospechado goce. El tono que domina la época queda resumido en estas palabras que Boccaccio pone en boca de una monja piadosa y lasciva: "He oído decir a muchas damas que todos los placeres del mundo no son nada si se comparan con los que la mujer da al varón." La mujer, en la imaginación del hombre, sigue tapada con sus vestidos. No olvidemos que el *Decamerón* es hijo de los tiempos de Giotto.

Las representaciones pictóricas de figuras religiosas desnudas, especialmente del mito de Adán y Eva,[3] pueden considerarse precursoras de una nueva concepción del arte. Los cuadros y retratos de la primera mitad del siglo XV indican que el ojo vuelve a tener en cuenta la piel y la carne. El *Adán y Eva* de los hermanos van Eyck, del altar de la iglesia San Bavo de

Gante (actualmente en el Museo de Bruselas); los relieves de Jacopo della Quercia en San Petronio en Bolonia (hacia 1425); los frescos de Masaccio de la capilla Brancacci, en la iglesia Santa Maria del Carmine de Florencia, y, más aún, los relieves de Ghiberti (1378-1458) en las puertas del Baptisterio de Florencia, son como el amanecer de una nueva época.

Pero no será hasta finales del *quattrocento* cuando el cuerpo de la mujer aparezca desnudo, descubriendo la belleza íntima de sus formas, alimentando los encantos del amor sensual. Hay un afán por el amor y por la mujer. Los artistas recrean el tema de "la lucha entre el amor y la castidad" (Pietro Perugino, Sandro Botticelli). Y el resultado es claro: en los frescos de Francisco Corsa en el palacio Schifanoia, en *La Primavera* o *El nacimiento de Venus*, de Botticelli, gana el amor a la mujer.

Lo que Lorenzo Valla expresó en su *Tratado del placer* (1431) queda reflejado en las obras de los pintores y poetas. "¿Qué hay más dulce, más placentero, más adorable que un bello rostro? El goce de las delicias celestiales no ofrece, seguramente, mayores encantos." Valla se queja de que las mujeres lleven ocultas las partes más bellas de su cuerpo. La descripción que hace de las formas femeninas recuerda las más hermosas estrofas del *Cantar de los cantares* de Heine: ¡cien años más tarde, Valla habría visto realizados muchos de sus deseos! Firenzuola, en el *cinquecento*, canoniza, por así decir, el ideal de la belleza del nuevo período. Amar significa, disfrutar de los placeres. "Amor no es otra cosa que goce. Yo amo a las mujeres del mismo modo que amo el vino, el juego, la ciencia. El vino, el juego, la ciencia y las mujeres me proporcionan deleite. Y el deleite es el sentido último de la vida. No se goza para algún otro fin, sino que el goce es el fin último." Así, pues, el amor es la esencia de la vida. Los poetas cantan el amor y las mujeres: Boyardo, Poliziano, Ariosto:

> Le donne, i cavalier, l'arme, gli amori,
> Le cortesie, l'audaci imprese io canto.

podría escribirse en la puerta de esta época que, como dice el mismo Ariosto, está sumergida:

...sino agli occhi ben nuota nel golfo,
Delle delizie e delle cose belle...

Empieza el siglo de Tiziano, en el que alma y sentidos se unen en una armonía nunca antes conocida, en el que amar a la mujer significa amar la belleza y amar la belleza significa amar la vida. El grado de refinamiento que alcanza el amor queda reflejado tanto en las obras de poetas, pintores y escultores como en los tratados amatorios de la época. Dice Pietro Bembo: "El amor es la causa de todas las cosas..., el amor es la cosa más dulce de todas las cosas dulces. Y, ¿qué es el amor sino desear la belleza? Todos los sabios concuerdan en que el amor no es otra cosa que el anhelo de lo bello. Y la belleza no es otra cosa que la gracia que resulta de la buena forma, del concierto y armonía en las cosas". Esto vale para el cuerpo como para el espíritu: "Es cuerpo bello aquel cuyos miembros guardan entre sí la debida relación; será espíritu bello aquel cuyas virtudes armonicen... El amor tiende sus alas en pos de la belleza... y tiene dos ventanas abiertas para ese su vuelo: el oído, por donde vuela hacia el alma, y los ojos, que le llevan al cuerpo".

En esa época, probablemente Italia era el único país en que se profesaba el culto al amor y la belleza. Francia se hallaba, en estos ámbitos, aún en estado de candidez. Montaigne se lamentaba amargamente de la torpeza de sus compatriotas para dar forma a las manifestaciones de la vida amorosa: *Il y a tousjours de l'impétuosité française*. La joven Francia era todavía impetuosa para saber gustar los goces del amor. Montaigne ensalza a los italianos y españoles, considerándolos maestros en estas lides: *pour arrester sa fuyte et l'estendre en préambules entre eulx, tout sert de faveur et de récompense: une oeillade, une inclination, une parole, un signe...*

Pero esta situación cambiará radicalmente cuando los Valois introduzcan en Francia la cultura italiana y con ella el culto a la mujer. Ya Brantôme encomia el arte amatorio francés. Y se sabe que en los siglos XVII y XVIII Francia llegará a ser esa alta escuela del amor que aún sigue siendo en nuestros días. Francia será también la primera en llevar la vida amorosa a su paroxismo, a rozar la perversidad; la esencia del siglo XVIII será dedicar la vida al amor, dedicación que en París logrará su máxima perfección. Con Fragonard, Boucher y Greuze culmina la época iniciada por Boccaccio y Pietro Perugino; o, mejor dicho la cima glamurosa de una época cuya verdadera culminación marcaron Tintoretto, Rabelais, Ariosto y Rubens. Los teóricos del amor, que en la época de los *minnesänger* fueron Capellanus, Lorenzo Valla y Bembo, son ahora Brantôme, Restif de la Bretonne y el marqués de Sade.

Este desarrollo parece reproducir las etapas que se repiten en muchas otras culturas. La "emancipación de la carne" empieza con tímidas tentativas; sigue un período de sensualidad más acentuada, en que el amor libre e ingenuo alcanza pleno desarrollo; después una etapa de gran refinamiento y, por último, se producen la relajación moral y la perversión. Este ciclo necesario parece marcar la profunda tragedia del destino humano: que toda cultura, siendo alejamiento de lo natural, lleva en sí el germen de su disolución, destrucción y muerte.

Algo mejor hubiera vivido
si no le hubieses dado el reflejo de tu luz divina.
Él lo llama razón y únicamente lo aprovecha
para superar en bestialidad a los propios animales.
(Goethe)

Este concepto hedonístico y estético de la mujer y del amor a la mujer, que va penetrando en los espíritus a partir del *trecento*, estaba en abierta oposición con el concepto del amor santificado o vinculado al sacramento del matrimonio. Sin duda, el éxtasis religioso se asemeja a la noción desprendida del amor, como en la maravillosa poesía que se atribuye a San Francisco de Asís y que empieza así:

In foco l'amor mi mise,
in foco l'amor mi mise,
il mio sposo novello...

Una poesía que podría haber sido escrita por cualquier persona presa de amor humano. Los éxtasis de adoración a María no estaban, en aquella época, muy lejos del amor libre. Pero con lo que no puede compaginarse este tipo nuevo de amor es con la forma institucional del matrimonio. Ni el instinto amoroso universal, ni el refinado deleite del amor, pueden contenerse en límites legales. Son, por naturaleza, ilegítimos, o, mejor dicho, a-legítimos. Y las cualidades femeninas de belleza y amorosidad no ganan ni pierden en fuerza por estar sujetas a una institución social como el matrimonio.

Que en el matrimonio se unen dos cosas tan heterogéneas como el amor y el orden, lo entendieron todos los que meditaron sobre el problema del amor, y lo estudiaron los "teóricos" del amor. Lorenzo Valla fue uno de los primeros en sacar las consecuencias lógicas de su concepto naturalista del amor, declarando que las relaciones entre los sexos son a-legítimas. Con el mayor desenfado nos dice que a nadie le debe importar nada que dos seres se amen. Para Valla, pues, no hay diferencia entre que la mujer tenga trato con el marido o con el amante (*omnino nihil interest, utram cum marito coeat mulieraut cum amatore*). Estas ideas se manifiestan claramente en la literatura de la época, especialmente en la del género ligero. Si Boccaccio tenía aún cierto respeto hacia el matrimonio, ahora no solamente es lícito hacer burla de este estado y poner en ridículo al marido engañado, sino que todo ello se considera de buen tono, constituyendo el adulterio tema y asunto incluso de las *novelle* menos lascivas, cuya serie inicia el *Euryalo* de Piccolomini, y de las comedias menos obscenas. El adulterio es un tema recurrente.

Un paso más lo dará Montaigne: si el amor es goce y el matrimonio es una institución social o canónica para el cumplimiento de algún noble fin (Montaigne habla siempre del matrimonio con gran respeto y justamente por la alta opinión que le tiene es por lo que llega a su doctrina radical sobre la relación entre el amor y el matrimonio), entonces no sólo la realización del anhelo amoroso es independiente del matrimonio, sino que el amor y el matrimonio se excluyen. Montaigne basa su concepto en las razones siguientes, que parafraseo: el verdadero, el único amor, odia todo motivo que no sea el amor mismo, no quiere tener nada en común con relaciones que surjan de otras fuentes y en el matrimonio influyen no sólo el encanto y la belleza, sino la posición social, la fortuna, etc. Uno no se casa por cumplir con la institución del matrimonio, sino para tener descendencia, extender una familia. Es, pues, por así decir, una profanación del lazo conyugal introducir en él los caprichos de la pasión. Un buen matrimonio rechaza la compañía del amor y sólo apetece los goces de la amistad. Amarse y unirse en matrimonio son cosas que se excluyen.[4]

Lo que Tiziano y Giorgione pintaron, lo que Ariosto y Rabelais describieron en sus poemas, lo definieron estas teorías. El amor, que tiene en sí mismo su sentido supremo y único, ha de permanecer necesariamente ajeno a toda institución creada por los hombres –e incluso santificada por la Iglesia– con fines sociales o morales.

Lo importante, para el desarrollo externo de la cultura, es que estos principios marcarían la vida en sociedad durante varios siglos, estableciendo en determinadas clases sociales una separación evidente entre el amor y el matrimonio, como dos cosas independientes e igualmente justificadas. Esto, en el fondo, no era sino retomar las costumbres de Grecia y Roma. La cortesana es, en este sentido, un buen reflejo de esta tendencia.

2. La cortesana

Cuando el amor libre empieza a introducirse en una sociedad, coexistiendo con el amor institucionalizado, las mujeres que alimentan ese nuevo culto son o jóvenes de buenas familias que han sido seducidas, o esposas adúlteras, o meretrices. El amor puramente erótico aumenta su importancia en las clases altas de la sociedad europea a partir de la época de los *minnesängers*, como queda reflejado en el aumento de seducciones y adulterios y de la prostitución.

No disponemos, claro está, de cifras sobre las seducciones y los adulterios, pero, sin duda, se trató de prácticas frecuentes en esos siglos. Lo demuestran no sólo los procesos judiciales sino otros indicios de diversa índole. Según Petrarca, en su época: "empezó la peste de los adulterios. Considerábase de buen tono que un joven sedujese a una mujer casada; y el joven que no había cometido esta seducción era despreciado por sus compañeros y se consideraba desgraciado. Esto dio lugar a una verdadera fiebre de aventuras y devaneos galantes por parte de la juventud, que obedecían más al afán de satisfacer la vanidad que a necesidad y apetito sensual. Generalmente, el éxito no compensaba el gran gasto de esfuerzo".[5]

En esta época, los príncipes ya no se avergüenzan de la ilegitimidad de su nacimiento; antes al contrario, empiezan a vanagloriarse de ella, como han demostrado con numerosos ejemplos Burckhart y Cibrario. Las relaciones de amor libre, pre o extramatrimoniales van en aumento en los círculos deseosos de seguir el espíritu del momento. No es necesario citar testimonios escritos, ya que cualquier libro de "historia moral" suministra copiosos datos. Pero hay, no obstante, un síntoma que merece mención especial, y que nos presenta el adulterio, por decirlo así, como una institución social: la legitimación del esposo engañado, tal como se verifica en la Italia del *quattrocento* y en Francia desde Francisco I.

Otro hecho también conocido es el aumento de la prostitución desde el fin de la Edad Media en adelante. Naturalmente la prostitución prefiere las grandes ciudades, y habiendo comenzado en Aviñón alcanza su apogeo en París y Londres. Petrarca, en su magnífica prosa latina, se lamenta de que Aviñón esté invadido por una multitud de meretrices. Durante mucho tiempo Roma fue conocida por el número de *puellae publicae* que albergaban sus muros. Según una estadística digna de crédito, había 6.800 meretrices en el año 1490. La ciudad entonces aún no llegaba a los 100.000 habitantes. Londres y París, a finales del siglo XVIII, tenían, respectivamente, 50.000 y 30.000 mujeres públicas. De donde resulta que el número de estas era mayor, proporcionalmente, en Roma.

Pero más relevante aún, para el desarrollo de la cultura en su forma externa, es que, a medida que se va difundiendo el amor ilegítimo, el amor por el amor, aparece una nueva categoría de mujeres que se sitúa entre la mujer honrada y la ramera. Las lenguas románicas, tiene los más variados nombres para referirla: *cortegiana*, cortesana, concubina, querida, *maîtres-*

se, amoureuse, cocotte, femme entretenue, etc. (en alemán y en inglés no hay una expresión adecuada para tales mujeres, a no ser el término vago de *Buhlerin* –dama galante–, señal de que el tipo mismo o permaneció circunscrito a los países románicos o pasó a los demás como una importación)

Con estas mujeres, el amor, convertido en un arte, sale del "dilettantisme" y su culto es entregado a sus "vestales". Todo arte requiere para su práctica talento y ejercicio y el arte de amar no es una excepción. Por tanto, este arte no pudo llegar a su pleno desarrollo hasta que no se hubo verificado un proceso de selección, que destacó a las mujeres de más talento y les dio ocasión de hacerse maestras en el arte del amor.

Cortesana, *cortegiana*, no significó en un principio más que dama de la corte. También había en las cortes mujeres ligadas a hombres por vínculos de legítimo amor. En la carta tercera de su libro acerca del "cortesano" (que Castiglione dedicó a la cortesana), el Magnífico expone en asamblea la idea de que las relaciones de amor entre cortesanos y cortesanas deben ser únicamente las legítimas, pero la mayoría de los presentes le contradice, "riendo" su tesis; ellos sabrían por qué. Sin duda, la tesis se alejaba mucho de la realidad.

Pero lo cierto es que, desde muy pronto, debió de identificarse la relación ilegítima con el trato de la corte. Sospecho que la vida cortesana en las residencias de los pontífices contribuyó grandemente a este hecho. En Aviñón, en la corte de los papas y de los altos príncipes de la Iglesia, existía un círculo de damas inteligentes, ingeniosas y bellas. Algunos, incluso, llamaron a las cortes: *académies de femmes aimables*. Baste citar algunos nombres: Mabille de Villeneuve, Briande d'Agoult, Huguette de Forcalquier, Beatrix de Sault, Blanche de Flassans, Isnarde de Roquefeuille, Doucette de Moustiers, Antoinette de Cadenet, Laure de Noves, Madeleine de Salon, Blanchefleur de Pertais, Stéphanette de Gantelme, la bella Adelise d'Avignon.

Ahora bien: en la corte de un príncipe de la Iglesia, una mujer no podía ser más que *maîtresse*, si mantenía con el alto señor relaciones que no fuesen precisa y únicamente de orden espiritual, cosa que acontecía no pocas veces. Aquí está, por tanto, el fundamento de la transformación de la dama de corte en cortesana.

Lo que empezó en Aviñón siguió en Roma, y también en la corte romana la dama en la corte era, necesariamente, "ilegítima". En la corte de los príncipes seglares no existía esta ilegitimidad, pero los afanes y deseos la reclamaron. El que los príncipes tuvieran concubinas no es ninguna novedad del Renacimiento: siempre las habían tenido. Pero las jóvenes de la burguesía con quienes Luis XI de Francia compartía el tálamo no eran "cortesanas". Eran cortesanas sólo las damas que tenían acceso a la corte y eran oficialmente reconocidas como favoritas del rey. Los primeros tiranos en elevar a sus concubinas al rango de princesas fueron, al parecer, Bernabó y Giangaleazo Visconti. Pero el reinado de la *cortegiana* empieza realmente en la época de los frescos de Cossa en el Palazzo Schifanoia, sólo desde entonces aparece la corte en su sentido moderno, es decir, formada por y en torno a las mujeres. Sólo entonces los amoríos y devaneos se convierten en la esencia y forma de la vida cortesana. "No hay corte, por grande que sea, que pueda desplegar magnificencia y alegría, si en ella no hay mujeres; ni podrá un cortesano tener merced, ni agrado, ni audacia si no le impulsa el amor hacia la mujer." Así se expresa Castiglione en su libro del cortesano.

Es evidente que estos amores no se refieren a vínculos matrimoniales. El *cortegiano* iba teniendo una *cortegiana* tras otra como amantes, hasta que "cortesana" acabó teniendo su significado actual.

Es el período en el que las *maîtresses* dominan la corte, como consecuencia del principio monárquico. Con la Reforma, Francia asumió el liderazgo en estas cuestiones y sabemos que las amantes de Francisco I son las primeras *maîtresses* reales de la historia. Para este rey, la galantería era la razón de ser de la vida cortesana; y la forma más importante de esta galantería consistía en elevar a sus *maîtresses* al primer puesto de la corte.

Estas amadas reales, que empezaban a dominar al mundo, vinieron, por decirlo así, a ennoblecer a todas las sacerdotisas del amor libre. Las relaciones de amor ilegítimo quedaron (al menos si eran amores cortesanos) limpias de toda mácula. Pero la influencia de la corte durante esta época era tal que esta legitimación de la ilegitimidad se generalizó en la sociedad, aplicándose a todas las relaciones de amor libre. En las grandes ciudades que empezaban a crecer, algunas mujeres, aunque no eran de la corte, empezaron a vivir como las damas de la corte. Así surgió la cortesana que no tenía nada que ver con la corte, la *femme entretenue* (cuando sólo favorece a un amante), o la *cocotte*, cuando es más promiscua.

Este tipo de cortesana que no pertenece a la corte nace también en esa época y nace en los mismos lugares, especialmente en las grandes ciudades italianas, sobre todo en Roma y Venecia. Las condiciones eran ahí favorables a la creación de un nuevo tipo de mujer: riqueza, gusto por revivir la antigüedad, incluidas sus hetairas, gran extensión de la ciudad, liberalidad de la época, todo esto permitió rodear a las prostitutas más selectas de un halo de distinción. (Esta liberalidad se daba en la clase superior de la sociedad, pues en aquel tiempo vivían también respetables industriales y comerciantes que, sin duda, miraban a las elegantes cortesanas con horror.) Son estas las honorables "amigas", las *honeste cortigiane*, las *cortesane famose*, como se las califica en un registro romano de prostitutas del año 1500. Son 200 las que menciona ese registro y las distingue de las prostitutas de menor rango: *cortesane puttane* o *cortesane de la minor sorte*.[6] Demuestra este documento que el proceso de diferenciación ya era un hecho en esa época.

Mucho se ha escrito en los últimos tiempos sobre la "cortesana famosa" del Renacimiento. Se han descubierto fuentes nuevas de investigación. Conocemos los nombres de las *cocottes* más celebradas de Roma, Florencia o Venecia, en tiempos de Sixto IV, Alejandro VI y León X. Incluso hay estudios en torno al nivel de cultura que tenían las *cocottes* o sobre las poesías que escribían, no sin ayuda. ¡Como si fuera importante! Claro está que la cultura era un barniz y que sus poesías eran malas. Pero esto no es lo relevante en el nuevo tipo de mujer. Lo realmente significativo es que Tullia d'Aragona dominara durante años a Filippo Strozzi, que Imperia lograra hacerse mantener por el hombre más rico de Italia, Agostino Chigi. Logros que sin duda no dependían de alguna destreza poética sino de lo que Maupassant llama *qualités rares*, de las que estas mujeres debían andar sobradas. Gracias a esas raras cualidades lograron influir sobre el desarro-

llo de la cultura. La importancia de estas mujeres no radica en que pudieran suscitar exaltados epitafios como el que inspiró Imperia en un lejano
admirador –"Imperia, cortesana romana, que digna eres de tu nombre,
rara vez creó la naturaleza un ser de tan belleza"– ni en galanterías y otras
formas externas a que dieran pie estas *grandes amoureuses,* sino en que el
jefe de la Iglesia mandase enterrar a Imperia en la capilla de Santa
Gregoria, o que el Pontífice en persona, asistido de catorce cardenales, bau-
tizase al primer hijo que Agostino Chigi tuvo con su nueva *maîtresse,* la
veneciana Francesca Andreosia.

También en Francia fue donde la querida urbana –como la querida cortesana y principesca– llegó a su pleno apogeo. Y las características que
adoptó en Francia serán las que se difundirán después por todos los países
de Europa.

En la configuración de las características de la cortesana moderna fue
importante el que desde finales del siglo XVI las mujeres empezaran a
actuar sobre los escenarios de los teatros de París. (Costumbre que intro-
duciría en Inglaterra, Carlos II). Con el teatro nació un nuevo tipo de
cocotte que sustituía a la del Renacimiento, con su aire de hetaira greco-
rromana. El halo de gloria, tan propicio a las relaciones de amor libre, lo
proporcionó el teatro. La actriz, la *prima donna,* la bailarina vinieron a sustituir a la cortesana del *cinquecento,* poetisa y pintora. En los grandes centros de cultura, sobre todo en Londres y París, aumentó de un modo sostenido el número de *maîtresses* durante los siglos XVII y XVIII, genera-
lizándose la costumbre de mantener una mujer elegante en lugar de, o
junto a, la propia esposa. Testimonios de finales del XVIII nos dicen que
de veinte grandes señores de la corte, quince, cuando menos, vivían con
sus amadas y no con sus mujeres; estos datos probablemente no se aparten
mucho de la verdad. Pero no sólo los cortesanos, también los acaudalados
burgueses entendieron que era de buen tono mantener relaciones con
señoritas *virtuosas,* con las *demoiselles de moyenne vertu.* Los dispendios a
que esto daba lugar (como veremos más adelante) suponían para los ricos
financieros su principal gasto, según afirma Thirion, autor que ha estudiado estos "asuntos". La historia de la galantería, durante el siglo XVIII, une

íntimamente la aventura amorosa a los grandes arrendatarios. Lo dicho sobre París vale para Londres. "Un inglés soltero y con más de 2.000 libras de renta gasta en sus necesidades más inmediatas unas 200 libras, destinando el resto a los placeres, es decir, a las mujeres, como primera y única preocupación" (Archenholz).

Con estos datos a la vista podemos dar por buenas las cifras dadas por algunos observadores respecto al número de *maîtresses* en París o Londres. Mercier, por ejemplo, estima que en su época había en París 10.000 mujeres "mantenidas". En Londres, en una sola parroquia (Marybonne) había 1.700 cortesanas con casa propia.

La importancia de estas mujeres en la sociedad del siglo XVIII queda reflejada en los anuarios o directorios que se publicaban en las grandes ciudades con los nombres de las mejores *cocottes* y descripciones de sus rostros, maneras, aptitudes, etc. En Londres, el catálogo *Harry's List of Covent-Gardens Ladies* agotó su tirada de 8.000 ejemplares nada más salir de imprenta. En París se publicaba el *Almanach des adresses des demoiselles de París de tout genre et de toutes les clases. Calendrier du plaisir. A Paphos.*

Una consecuencia importante de la relevancia social de la elegante cortesana es que las esposas burguesas siguieron su ejemplo, en el estilo y el gusto. No de manera directa. Ante todo, era la sociedad cortesana propiamente dicha la que definía los modos y maneras de toda la sociedad: como dice La Bruyère, "París imita a la corte". Pero la sociedad cortesana se hallaba bajo la influencia dominante de la querida del príncipe: ella marcaba las tendencias que acababan llegando a toda la sociedad. Ella era también el modelo que seguían las mujeres que aspiraban a ser *grandes cocottes*.

Pero, ocurrió que la esposa honesta, si no quería quedar eliminada de la vida social, debía entrar en competencia con la *cocotte*. Lo cual acabó configurando unas condiciones mínimas de cultura que toda dama había de cumplir, fuere cual fuere su posición social.

En este sentido, quizá fue la *cocotte* la que indirectamente obligó a la *femme honnête* a lavarse. Marie de Romieu, en sus *Instructions pour les jeunes filles* (siglo XVI), aconseja a las mujeres que "se conserven limpias no solo por ellas, sino también por sus maridos". El "salon", esa institución en la que la mujer desarrolla todo su poder en los siglos XVII y XVIII, no es probablemente otra cosa que la continuación de las reuniones alegres e ingeniosas de las grandes cortes de la Italia del *cinquecento*.

Pero lo más relevante de todo esto es que el estilo de vida del *demimonde* acabó perneando el estilo de vida de todas las mujeres, de toda la sociedad. Y sigue siendo así. En la respetable sociedad burguesa de hoy, las mujeres (y no me refiero a las gentes extravagantes, naturistas, etc.) copian los vestidos que las *grandes cocottes* de París lucen en los hipódromos en primavera. Todas las novedades de la moda y del lujo, de la suntuosidad y de la extravagancia, las prueban primero las *maîtresses* antes de llegar, suavizadas, a las damas respetables.

En las épocas pretéritas que aquí estudiamos, unas épocas en las que el burgués vivía apartado de la "sociedad", la cortesana, en su ámbito, ejercía un influjo mucho más inmediato y extenso de lo que pueda ejercer hoy.

En los próximos capítulos intentaremos demostrar los efectos de ese influjo sobre los modos de vida de la sociedad moderna.

IV. El desarrollo del lujo

1. Concepto y esencia del lujo

Lujo es todo dispendio que va más allá de lo necesario. Se trata, obviamente, de un concepto relativo que tiene sentido en la medida en que disponemos de una noción de "lo necesario". Hay dos maneras de determinarlo: ya sea subjetivamente, mediante un juicio de valor (ético o estético, por ejemplo), o fijando una medida objetiva. Como medida objetiva puede tomarse el conjunto de las necesidades fisiológicas, pero también lo que podemos denominar "necesidades culturales". Las primeras varían según sean los climas; las segundas, según sean las épocas históricas. Los límites de las necesidades o requerimientos culturales pueden fijarse libremente, pero conviene no confundir esta fijación arbitraria con la valoración subjetiva de lo necesario.

El lujo tiene dos vertientes: cuantitativa y cualitativa. El lujo cuantitativo es sinónimo de *prodigalidad* o *derroche*: tener cien criados, bastando uno, o usar tres cerillas para encender el cigarro. El lujo cualitativo es el consumo de bienes de *superior calidad*. Ambos aspectos pueden, y suelen, darse simultáneamente. De la noción cualitativa se deriva el concepto de *objeto de lujo* que se puede definir también como un *objeto refinado*. *Refinado* es todo objeto que reúne unas cualidades superiores a las necesarias para ser útil. El refinamiento puede manifestarse de dos maneras: en la materia y en la forma del objeto.

Al igual que podemos distinguir entre un concepto absoluto y otro relativo de lujo, también debemos diferenciar entre los objetos refinados. Si tomamos el concepto de refinamiento en un sentido absoluto, entonces la mayoría de los objetos que usamos tendrán ese carácter, ya que casi todos satisfacen más de lo que requieren las necesidades animales. Por consiguiente, es más conveniente hablar de los objetos de lujo en un sentido relativo, como aquellos con un refinamiento superior al de los objetos de uso ordinario. Este sentido más específico de los objetos refinados es lo que podemos calificar como *objeto de lujo*.

En este sentido restringido, el requerimiento de bienes de lujo y su satisfacción puede atender a distintos motivos y ser el resultado de muy diversas causas. Elevar a Dios un altar de oro o comprarse una camisa de seda son ambos *actos de lujo*, aunque totalmente distintos. El primero sirve a un ideal y puede llamarse *lujo altruista*. El segundo puede llamarse *lujo materialista* o *egoísta*.

Al estudiar la evolución del gasto suntuario, trataremos tan sólo este segundo tipo de lujo: el que, atendiendo a causas egoístas, viene a satisfacer las vanidades del individuo. Este es el tipo de lujo que justamente más se desarrollará durante el Renacimiento o, para ser más precisos, desde Giotto a Tiepolo. Mi propósito es estudiar el origen y desarrollo de este lujo individual o personal.

El lujo personal nace del puro goce de los sentidos. Todo lo que agrada a cualquiera de los cinco sentidos puede ser objeto de una expresión siempre más refinada a través de cosas de uso cotidiano. Estas cosas son las que constituyen el lujo. En última instancia, todo deseo de refinar y aumentar los medios para agradar nuestros sentidos tiene su base en nuestra vida sexual: el deleite de los sentidos y el erotismo son, en el fondo, una misma cosa.

Sin duda, el impulso sexual es casi siempre la causa primera del desarrollo de cualquier tipo de lujo. De ahí que el lujo tienda a desarrollarse cuando aumenta la riqueza y cuando la sexualidad se hace más libre. En cambio, allí donde el sexo no puede expresarse libremente, la riqueza se suele acumular, no se gasta: se acumula en bienes acumulables, especialmente en aquellos con un valor abstracto, como los metales preciosos o, más recientemente, el dinero.

Pero, una vez que el lujo se da, son muchas las causas que contribuyen a acrecentarlo: ambición, anhelo de ostentación, orgullo, afán de poder; en una palabra, el deseo de destacar sobre los demás. Veblen, en su excelente libro sobre la clase ociosa, reduce a ese anhelo de superar a los demás la causa del lujo y de propiedad privada. Pero aunque podamos considerar que este anhelo pertenece a los instintos elementales de la naturaleza humana, como el hambre y el amor, el que se manifieste mediante el lujo dependerá de que se den determinadas condiciones. Entre éstas: que el lujo ya esté presente de modo que el mostrar igual o más lujo permita destacarse sobre los demás. La manera más adecuada de gratificar el deseo de superioridad es mediante la acumulación, mediante el lujo cuantitativo: más esclavos, mayores propiedades, más fortuna, superior rango, etc. Pero cuando el lujo se hace personal, materialista, entonces se expresa a través de la sensualidad y, más aún, de un estilo de vida claramente marcado por el erotismo.

En la época que estamos estudiando, se van creando las condiciones para el desarrollo del lujo: riqueza, libertad sexual, afán de ascenso social de determinados grupos, vida en las grandes urbes, que, como hemos visto, antes del siglo XIX, no son sino centros de placer.

Pero todas esas deducciones pueden parecer algo exangües y carecer, acaso, para muchos, de fuerza demostrativa. Por eso propongo ahora invertir los términos del análisis y partir del resultado del proceso histórico, es decir, demostrar que después de la Edad Media se desarrolló un gran lujo, que a finales del siglo XVIII alcanzaría proporciones asombrosas.

Empecemos recordando los muchos testimonios que se quejan de la insoportable carga que representa el lujo. "Todo el mundo está loco; el lujo ha llegado al paroxismo; se dice que la mitad de París está arruinada, y la otra mitad se dedica a estafar," le escribe en 1787 un provinciano de visita en París a su esposa. Madame de Oberkirk, por su parte, escribe: "Una de las manías más ciertas de esta época es la de arruinarse en todo y sobre todo." Del modo más elocuente describe Mercier el triste estado de la

sociedad de su tiempo, afirmando que el lujo es el verdugo de los ricos
–*luxe, bourreau des riches*–, que los ricos, de tanto exagerar, ya no saben
disfrutar de nada. "Los sentidos no quedan satisfechos, sino que están
embotados, y en lugar de la grata variedad se busca la extravagancia absur-
da y nauseabunda; de ahí que todo cambie continuamente: las modas, los
trajes, las costumbres, los modos, el lenguaje. Los ricos ya no sienten nada.
Cambian el mobiliario de sus viviendas como se cambia la decoración de
un escenario. El vestirse se convierte en una tarea trabajosa. Las comidas
son como procesiones. A mi entender, el lujo atormenta a los ricos, lo
mismo que la pobreza a los pobres. ¡Sin duda mereció la pena sacrificarlo
todo por el lujo! Lo que realmente atormenta a los ricos en París es su afán
de gasto, siempre gastan más de lo que pretenden. El lujo ha llegado a
revestir formas tan costosas, que no hay fortuna que pueda resistir. Jamás
siglo ha sido tan pródigo como el nuestro. Se consumen por entero los
capitales. El lujo se traga las fortunas. No se pretende más que eclipsar al
prójimo con exageraciones escandalosas."

El cuadro que acabamos de describir se aplica casi con las mismas palabras a los demás países: "No ha existido época de mayor suntuosidad y
exuberancia que la nuestra", dice el *Complete English Tradesman*. "Llega a
lo inverosímil el papel que el lujo desempeña en nuestro tiempo. La vanidad, la ostentación y el lujo nos dominan. Los excesos nos abruman".
Kochanowski desde Varsovia, donde el lujo adquiere enorme desarrollo
escribe: "El lujo se lo traga todo, como el mar. Si Dios nos enviase una lluvia de ducados que anegase el territorio de Polonia, bien pronto toda esa
inmensa riqueza correría como un torrente e iría a parar a Breslau, Leipzig,
Fráncfort, Berlín, Danzing, Riga y Königsberg, para transformarse en vaji-
llas de plata, carruajes, muebles, y demás."

Pero no nos limitaremos a referir testimonios de época sino que vamos
a exponer los hechos, es decir, ejemplos concretos del lujo durante el período que estamos analizando. Puedo suponer en mis lectores conocimiento
de estos hechos, pero no considero superfluo indicar en lo posible cifras
que reflejan el aumento general del lujo y también referir casos individuales. Ambos elementos nos darán idea de la importancia que ha tenido el

lujo en el desarrollo del mercado, que es, en definitiva, lo que aquí nos interesa analizar.

Tras demostrar que el lujo desbocado caracteriza el período estudiado, pasaremos a evaluar en qué medida la demanda de bienes de lujo está relacionada con los factores sociales descritos en los anteriores capítulos. Más específicamente –y se trata de la idea fundamental de este libro–, determinar en qué medida las mujeres, especialmente las mujeres como objeto de amor ilegítimo, han determinado el estilo de vida de nuestra época.

2. Las cortes de los príncipes

La buena vida y el placer se originaron, como cualquier otra manifestación de la vida en la época que estudiamos, en las cortes, que pueden considerarse como fuente de toda la vitalidad social. Si remontamos el curso de la historia, observamos que también fue en Aviñón donde primero apareció la suntuosidad mundana.

> Lavara Babilonia...
> di vizi, empi e rei
> Tanto che scoppia; ed ha fatti suoi dei
> Non Giove, e Palla, ma Venere e Bacco...
> Gia Roma, or Babilonia falsa e ria
> Per cui tanto si piagne e si sospira...
> Fondata in casta ed umil povertate
> Contra suoi fundatori alzi le corna
> Putta sfacciata; e dov' hai posto spene?
> Negli adulteri tuoi, nelle mal nate
> Ricchezze tante?...[1]

Petrarca, que nos ha legado esta y muchas otras descripciones de la corte papal de Aviñón, no puede considerarse un observador imparcial y objetivo, pero si nos atenemos a otros testimonios dignos de consideración,

Petrarca no se aleja de la verdad. *Perversos mores in nostram Galliam inve-xit*, dice Nicolas de Clamenges refiriéndose, sin duda, al papado. La descripción que un contemporáneo hace de las fiestas organizadas en honor del papa Clemente V, termina con estas palabras: *gli occhi di nostro Signore si spandeano sopra queste cose* (se refiere a las bacanales bacanales, espléndidos banquetes y bailes en los jardines), *dilettandosi nella diversità de' nobili solazzi, con quello modo temperato e maturo, che si conviene a tanta santità.*[2] El juicio de Petrarca lo vemos también corroborado por los inventarios de los palacios pontificios, descubiertos por E. Müntz.[3]

Sin duda, para tener una idea más exacta de la vida en Aviñón hemos de estudiar también las numerosas cortes satélites de los príncipes de la Iglesia ya que todas esas cortes fueron las que juntas desarrollaron esa magnífica pompa de que nos hablan los observadores de la época. Según recientes investigaciones, los gastos de la casa del Papa no eran tan excesivos; desde el 24 de junio de 1305 hasta el 24 de abril de 1307 no se gastaron más que 175.317 florines de oro para las atenciones de empleados y personal de servicio. (Hay que advertir que estos gastos se refieren a los años iniciales de la corte y que los presupuestos de gastos de los ejercicios posteriores nunca han sido publicados, que sepamos.) El gasto de una semana, en lo tocante a cocina, repostería, vinos, licores y caballerizas, suponía poco más de 826 florines. En las caballerizas había 135 caballos.

Tras el esplendor de Aviñón vendrá el período más brillante del papado de Roma, el de los grandes papas del Renacimiento, desde Pablo II hasta León X, que rivalizan en ansias de suntuosidad y magnificencia. "Un espíritu pagano invadió la ciudad con teatrales pompas, como en la antigua época imperial. El gobierno de los pontífices recurrió a la pompa mundana. El consentido populacho, pedía a gritos que se celebrasen fiestas, y estas le eran ofrecidas en abundancia." (Gregorovio)

Con Pablo II (1464-1471) empieza la bacanal. "Su corte era exuberante"; él mismo se entregó plenamente a los placeres mundanos. Consideraba el carnaval de Roma, al que dio un sello secular y pagano, como el símbolo de su propia vida. Sixto IV emuló a su antecesor. Durante su pontificado serán, principalmente, los "nipotes" los que disfruten de la vida alegre romana. El hijo de Sixto IV, Pietro Riario, con una renta anual de 60.000 florines, dilapidó en dos años toda su fortuna. Cuando Leonora d'Aragona, hija natural del rey de Nápoles, llegó a Roma, en 1473, "los locos despiltarros de las fiestas llegaron a límites jamás conocidos" (Gregorovio). Al abandonar Roma, se fue convencida de que nada en el mundo podía compararse a la opulencia de las cortes de los "nipoti" romanos.

El lujo de la época queda especialmente bien reflejado en los despilfarros en las fiestas, espectáculos públicos, recepciones, desfiles y procesiones: 100.000 almas se congregaron el día de San Marcos de 1476 en la Piazza Navona, con motivo de un torneo organizado por Girolarno Riario. Las nupcias de la princesa de Urbino y Giovanni Rovere se celebraron en 1478, según dicen, con pompa persa, *persico apparatu*. Burchard describe con detalle en su diario la brillante llegada a Roma del príncipe Federico de Nápoles.4 Sin embargo, la pompa externa del pontificado alcanzó su culminación el 11 de abril de 1513 en el memorable cortejo lateranense de León X, descrito por Gregorovio. Cien mil ducados se gastaron ese día, contratando a centenares de artistas. Esos eran los días en que Rafael Sanzio se paseaba a caballo por las calles de Roma, cual príncipe coronado, acompañado de un séquito de admiradores, amigos y discípulos, cuyo número no bajaba de 50.

Las cortes seglares de Italia, las de Milán y Nápoles, rivalizaban en brillo con la de Roma. Sobre el lujo de dichas cortes nos habla André de la Vigne, secretario de Anne de Bretagne, en el libro de memorias que escribió con ocasión de su viaje por Italia acompañando a Carlos VIII.

En la historia del lujo y de la vida cortesanos fue crucial el que los reyes franceses recogieran la herencia de los príncipes italianos. Catalina de Médicis completó la tarea iniciada por la casa de los Valois. Tanto Carlos VIII como Luis XII tuvieron gran inclinación por la cultura italiana. Y, en la medida en que Francia se hizo más grande y rica que los principados italianos, las posibilidades de desarrollar el lujo aumentaron aún más. Ya los últimos Valois gastaron en el sostenimiento de su casa sumas mucho mayores que las que representaban el valor de los ingresos públicos de los Estados más ricos de Italia. Se estima que los ingresos máximos de esos

Estados eran a finales del siglo XV de un millón de florines oro para
Venecia; 600.000 para Nápoles; otro tanto para Milán; 300.000 para
Florencia y entre 200.000 y 260.000 para el Estado pontificio.

Francisco I y Enrique II gastaban cada año en el mantenimiento de la
corte un millón y medio de escudos, según estimación del embajador
veneciano Marino Cavalli. "Si vieseis la corte de Francia, no os asom-
braríais de una cifra tan crecida. En sus caballerizas hay ordinariamente
entre 6.000 y 12.000 caballos. Su prodigalidad no conoce límites. Los viajes aumentan los gastos tres veces más, como mínimo, a causa del sinnúmero de mulos, carretones, literas, caballos, criados, cuyo sostenimiento
implica doble gasto que el corriente." Otro embajador estima en 8.000 el
número de jinetes con sus caballos que componen el séquito del monarca.
El millón y medio de escudos (que corresponderían a unos 10 millones de
francos de 1913) se distribuía, según el mencionado embajador, de la
siguiente manera: 100.000, para atenciones de los edificios; 150.000, para
caza; 100.000, para fiestas; 100.000, para vestidos y regalos; 200.000, para
el séquito del rey; 300.000, para el séquito de la reina.

El informe de otro embajador permite tener un conocimiento más deta-
llado de las distintas partidas de gasto. En 1542, el rey de Francia gastó
5.788.000 libras, de las que pueden considerarse destinadas al lujo los
siguientes gastos:

Manutención del monarca (alimentos):	85.000
Caballerizas:	80.000
Vestidos de oro y seda para regalos:	50.000
Pompa de la corte (sirvientes):	190.000
Dinero de que disponía la reina:	140.000
Dinero de que disponía el delfín:	280.000
Halcones para la caza:	60.000
Palacio de Chambord:	30.000
Palacio de Fontainebleau:	50.000
Gastos del monarca:	500.00
Regalos y recompensas:	500.00

Compras y caprichos del rey (frivolidades, adornos):	160.000
Gastos extraordinarios de índole reservada:	400.000
Menus plaisirs:	750.000
Total:	3.275.000

Según el embajador, la partida *menus plaisirs* contenía ciertos gastos que no quería el monarca que fuesen conocidos (como favores a mujeres, etc.).

Con Enrique IV los gastos suntuarios disminuyeron un poco. Las cifras del último año de su reinado serían, siempre en libras:

Caballerizas:	261.590
Pompa del monarca:	435.538
Vajilla de plata:	197.334
Pequeños gastos:	162.180
Caza:	88.670
Pompa de la reina:	541.439
Edificios:	633.298
Viajes:	107.185
Regalos:	85.798
Compras:	71.575
Total:	2.584.607

A partir de ese momento los gastos de la corte aumentan progresivamente de año en año hasta alcanzar su mayor desarrollo con el reinado de Luis XIV. Los presupuestos de 1680 a 1715 son todos muy semejantes y puede bastar como ejemplo el de 1685. (La libra representa 1,48 francos actuales, [antes de la primera guerra mundial])

Pompa del monarca:	606.999
Cuarto del rey:	1.618.042
Plata (gastos de *toilettes* reales, joyas, etc.):	2.274.253
Pequeños caprichos (*menus plaisirs*):	400.850

Adquisición de caballos:	12.000
Caballerizas:	1.045.958
Regalos:	313.028
Mayordomía de palacio (*prévôt de l'Hôtel*):	61.050
Caza (*venerie, fauconnerie, louveterie*):	388.319
Casa de Monsieur:	1.230.000
Casa de Madame:	252.000
Recompensas:	160.437
Sumas de que disponía el monarca (*comptant du roi*):	2.186.748
Construcción de edificios:	15.340.901
Fondos secretos (*affaires secrètes*):	2.365.134
Viajes:	558.236
Total:	28.813.955

Esto es, en números redondos 29 millones de libras destinados al uso personal del rey, principalmente para el lujo, de un presupuesto total para el reino de 100.640.257 libras.

Destacan, sin duda, las partidas destinadas a la construcción y mantenimiento de los aposentos reales. Disponemos de cuentas detalladas sobre las residencias reales en Francia entre 1664 y 1779, que nos permiten conocer hasta el céntimo las sumas invertidas.[5] Estos datos constituyen una fuente de inapreciable valor para la historia de la economía. No puedo aquí utilizar sino algunos datos de los muchos que hay y que merecerían un detenido estudio ya que ofrecen no pocos elementos para la historia de importantes ramas del trabajo manual y del capitalismo industrial de los siglos XVII y XVIII.

Para dar una idea de la magnitud del consumo señalaré las cifras totales de los gastos invertidos en construcciones destinadas al monarca y al pago de las principales partidas. Por el primer concepto, durante el reinado de Luis XIV (1664-1715) se gastaron 198.957.579 libras. La libra tornesa oscilaba entonces entre 1,22 y 1,63. Son, pues, en números redondos, 300 millones de francos en la época inmediatamente anterior a la Gran Guerra. Mucho más de la mitad de esta suma fue gastada en los primeros veintisiete años de reinados, a saber: 73.977.269 entre 1664 y 1680, 57.657.478 entre 1681 y 1687. El grueso de esas sumas se gastó, como era de suponer, en Versalles, que con sus jardines y fuentes artísticas costó, aproximadamente, 100 millones de francos. (Las cifras de 600-700 millones que antes se admitían son, pues, muy exageradas.)

De la suma total se aplicaron, por ejemplo:

A adquisición de artículos manufacturados y de comercio: 1.730.206 libras
A adquisición de manufacturas de gobelinos (muebles):   4.041.068
A adquisición de objetos de plata: 2.245.289
A adquisición de mármoles, plomos: 3.790.446

Referidas la primera época (1664-1680) disponemos de cifras detalladas en libras de los gastos de construcción, distribuidos por ramos o secciones, de los palacios de Versalles, Louvre, Tuilleries, Trianon, Saint-Germain, Vincennes, Fontainebleau, Clagny y Marly:

Trabajos de albañilería:	17.300.995
De carpintería:	2.334.108
De tejados:	826.348
De hojalatería y fumistería (*plomberie*):	2.268.087
Cerrajería:	1.878.242
Tapicería:	2.087.541
Pintores:	2.877.875
Escultores:	2.041.321
Vidrieros:	289.524
Pavimentación (*pavé*):	729.738
Jardinería:	2.306.003
Trabajos de cimentación, etc.:	3.791.064
Trabajos de diversa índole:	350.104
Trabajos extraordinarios:	4.456.733
Total (1664-1680):	43.537.491

La plata de la vajilla, propiedad de la corte de Francia, fue, en su mayor parte, fundida en los años 1689 y 1709, y la transformación hecha en 1689 produjo 82.322 marcos, por un valor de 2.505.637 libras.

La riqueza y magnificencia del mobiliario de los palacios reales queda reflejada en los inventarios publicados. Baste decir que en los palacios de Luis XIV había una riquísima colección de 334 tapicerías completas, compuesta de 2.600 tapices menores y 140 piezas principales. Había, además, 822 modelos de Gobelinos y 101 colgaduras artísticas.

Las vestimentas usadas por cortesanos y cortesanas no se quedaban a la zaga. En el *Mercure Galant* pueden leerse las reseñas de las fiestas que se celebraban, con minuciosas descripciones de las *toilettes* de la sociedad cortesana. El rey lucía una casaca con diamantes valorados en 14 millones de francos. En una visita a una manufactura de encajes de París, Luis XIV adquirió encajes por valor de 22.000 libras.

El lujo en el vestir siguió aumentando considerablemente durante el siglo XVIII, llegando a su apogeo unos años antes de la Revolución. Disponemos de informes precisos sobre los gastos de María Antonieta en este rubro. En 1773, la entonces delfina gastó 120.000 libras y, siendo reina, la suma fue creciendo: 194.118 en 1780; 151.290 en 1781; 199.509 en 1782; 217.187 en 1787.

Pero, la mujer, la mujer objeto de deseo y anhelo de placer, ¿qué participación tiene en este rápido aumento del lujo?

La respuesta es sencilla si tenemos en cuenta el período de los príncipes italianos y de la casa francesa de Valois: vivían para conquistar el amor de las mujeres. En el caso de Luis XIV, el monarca que elevó el lujo a los mayores excesos, ¿no cabría pensar que lo hizo por afán de poderío, por ostentación? La respuesta es, categóricamente: no. Justamente a propósito del estilo de vida de Luis XIV, disponemos de documentos que atestiguan la poderosa influencia de sus amantes. Por amor a Louise de La Valliére mandó construir el palacio de Versalles. En el pequeño refugio de caza que había en Versalles tuvo Luis XIV sus primeras citas con su amante. "Y allí, en aquella colina boscosa, la amada habría de ver el castillo mágico de su señor." Por amor a La Valliére empezaron las grandes fiestas en la Corte o esas diversiones de tres días con representaciones teatrales –en una de las cuales el propio rey representaba el papel de Roger en *La Princesse Elide* de Molière. Entre 1674 y 1680 se construirá el palacio de Clagny, con un gasto de dos millones de francos. ¡Todo por el capricho de la favorita! Cada nuevo amor de Luis XIV suponía nuevos derroches de lujo. Las amantes del monarca rivalizaban en despilfarras. Mademoiselle de Fontagnes se llevaría la palma, gastando 100.000 escudos cada mes, y asombrándose de que la gente la considerara una derrochadora. Es bien sabido que durante el siglo XVIII la corte francesa estuvo dominada completamente por las *maîtresses*, e influyeron considerablemente en cada detalle de la vida cortesana. Madame de Pompadour impuso su gusto a toda aquella sociedad, marcando todas las modas. "Vivimos a merced de madame de Pompadour: carrozas à la Pompadour, los colores de los vestidos *à la Pompadour*, guisos *à la Pompadour*, chimeneas, espejos, mesas, sofás, sillas *à la Pompadour*; abanicos, estuches *à la Pompadour*" –escribe un contemporáneo.

Madame de Pompadour simboliza la cultura del *ancien régime* y, sobre todo, representa el gusto y el estilo de vida de aquel tiempo. Su influjo llegó al mismo régimen económico francés, al que sometió a sus gustos con la ayuda de su hermano menor al que hizo nombrar director general de edificios, jardines, artes y manufacturas.

Madame de Pompadour mandó construir palacios a voluntad: Petit-Chateau, Bellevue, al cual agrega Le Taudis (actual Brimborion). Además, mejoró Choisy, dibujó ella misma los planos de la galería del palacio de Bellevue, decorada por Vanloo, Boucher y Brunetti y adornada con una estatua de Luis XV, obra de Couston. En esa galería celebraba la Pompadour sus magníficas fiestas. Disponía cómo habían de vestir sus invitados, y regalaba ella misma algunos de esos vestidos, uno de los cuales llegó a costar 14.000 libras. En una fiesta dada en el palacio de Choisy gastó 600.452 libras en ropa blanca para los invitados. Esta mujer disponía de sumas tan considerables como jamás reina alguna tuvo a su disposición. Baste decir que en los diecinueve años que duró su dominación sobre Luis XV gastó para sus atenciones personales 36.327.268 libras, según datos fehacientes.

La marquesa de Pompadour fue sustituida por la condesa Du Barry. Esta dama, según la detallada cuenta de Le Roy, gastó 12.481.803 libras en los años en que gozó del favor del rey (1769-1774). De esta suma, 6.427.803 libras las abonó el banquero real Baujon. Como es sabido, el abate Terray consiguió que los cheques de la favorita fuesen considerados como *bons du roi*.

María Antonieta fue la última *grande cocotte* que dominó sobre la corte de Francia. Hasta principios de la década de 1780, siguió aumentando el lujo. Las cifras antes señaladas indican claramente que incluso una reina legítima puede seguir los modos de las favoritas reales. No olvidemos que, en sus días de esposa del delfín, María Antonieta tuvo que luchar con rivales tan formidables como Madame Du Barry y su camarilla.

Las cuentas de gastos de Madame Du Barry son una fuente de inapreciable valor para comprender el papel de la mujer –especialmente de la mujer objeto de deseo– en el desarrollo del lujo en esta etapa de incipiente capitalismo. De estos documentos se pueden sacar para la comprensión de la vida económica del siglo XVIII más conocimientos que de docenas de estatutos gremiales o decretos reales. He aquí algunos datos. Las sumas abonadas por Baujon en virtud de cheques firmados por la favorita tuvieron este destino:

I.- Orífices, 313.328 libras: joyeros, 1.808.635; alhajas, 158.800.

Total: 2.280.763.

II.- Artículos de seda, 389.810 libras; encajes de Bruselas, 515.988; modas, 116.818; quincalla, 35.443.

Total: 758.061.

III.-Muebles, 24.398 libras; cuadros, jarrones, 91.519.

Total: 115.918.

IV.-Orfebrería, 60.322 libras; bordados, 471.178.

Total: 531.500.

V.- Carruajes, 67.470 libras; caballos, 57.347; piensos, 6.810.

Total: 131.627.

VI.-Doradores, 78.026 libras; escultores, 95.426; doradores (segunda partida), 48.875; fundidores, 98.000; marmolistas, 17.540; ebanistas y cerrajeros, 32.240.

Total: 370.108.

VIL-Primeros trabajos en Luciennes, 111.475 libras; jardines, 3.739; nuevos trabajos, 205.638; plantación y arbolado de jardines, 3.000.

Total: 323.854.

Las restantes partidas de gastos tienen carácter personal y sorprenden por el precio de algunos artículos:

Por un vestido de terciopelo blanco, 12.000 libras; adornos para un vestido, 10.500 –sus vestidos solían costar entre 2.400 y 9.000 libras–; un estrado de 12 sillones, 7.200; una otomana, 2.400; la cama del castillo de Luciennes, 5.945; un reloj, 5.400; una tabaquera, 576; quince servilletas de café de muselina, 925; un marco en oro para el retrato de la señora condesa, 2.260 (es el conocido retrato en que la condesa aparece de musa). También las porcelanas eran costosas. Por ejemplo, servicio completo de porcelana de Sèvres, 21.438 libras. Otro servicio que la condesa regaló a su hermano político, 4.856. Sabemos asimismo que de un Gobelino pagó a 488 libras la vara cuadrada, esto es, por ejemplo, 3.534 por el *Neptuno y Ammionna* de Vanloo, e igual suma por la *Venus y Vulcano*, de Boucher.

Pasemos a la corte española, cuyo brillo, quizá, llegó, durante un tiempo, a eclipsar el esplendor de la corte francesa. Esto ocurrió desde mediados del siglo XVI hasta el primer tercio del XVII, durante el reinado de Felipe IV, sobre todo, cuando se abrieron a la explotación las minas de plata de Potosí y de Guanajuato. Madrid fue entonces escenario de un lujo sorprendente y, en esa época, el estilo español fue, en múltiples esferas, dominante. El ceremonial de la corte madrileña, por ejemplo, acabó siendo adoptado por todas las cortes europeas. Los ingresos que servían de base a tan grandiosa pompa ya eran importantes en tiempos de Felipe III: según la valoración hecha por el embajador veneciano Tomás Contarini, ascendían a 16 millones de ducados. El resultado de una investigación que Enrique IV mandó practicar a fin de averiguar los ingresos de su adversario corrobora la exactitud de esta estimación. De la investigación vino a resultar que los ingresos ascendían a 15.658.000 ducados, a los que había que agregar cerca de 5 millones, que quedaban en manos de los virreyes y recaudadores de tributos. Una parte considerable de esta suma se destinaba al pago de los intereses de la Deuda del Estado (una deuda que, naturalmente, se invertía en gastos de lujo). Según un estado del conde de Leona de 1610, no quedaban a disposición del monarca más que 4.487.350 ducados, de los cuales un millón escaso podía invertirse en la pompa de la corte.[6]

A las cortes de Francia y España seguía la de Inglaterra. El esplendor de la corte inglesa alcanzó su apogeo con los Estuardos, que tomaron a los reyes de Francia como modelo. Los cuadros de Van Dyk, Peter Lely o Huysman reflejan esa británica magnificencia cortesana; unos cuadros en los que aparecen, envueltas en los pesados pliegues barrocos, figuras de elegantes orgullosos y de hermosas y altivas damas ataviadas con soberbios vestidos de brocatel y raso. Las descripciones de los contemporáneos, como las de Samuel Pepys en su *Diario*, recogen muy bien esa imagen alegre y exuberante que aparece en los cuadros de los citados artistas. Parece estar viendo a Luis XIV cuando leemos que Carlos I poseía veinticuatro palacios, con tal riqueza instalados que podía ir de uno a otro sin llevar equipaje o que Jacobo I gastó 93.278 libras con motivo de las nupcias de su hija. Pero, más adelante, la diferencia con respecto a Francia se acentuará mucho, hasta el punto de que Carlos II, triste y humillado, tendrá que prometer solemnemente en la Cámara de los Comunes reducir sus gastos y limitarse a la asignación de la lista civil. En momentos como estos, si los reyes debían atenerse a gastar tan solo lo que se les asignaba, la respetable burguesía podía vislumbrar la llegada de una nueva era. Pero la dinastía de los Oranges también amaba el brillo en la corte, y los dos primeros representantes de la casa de Hannover no le fueron a la zaga.

Las sumas de que disponían los monarcas ingleses no eran las que Luis XIV sacaba de sus súbditos, pero eran, no obstante, considerables para aquellos tiempos y reflejan la necesidad del lujo. En 1549, los gastos de la casa real ascendieron a 100.000 libras esterlinas, cinco veces más que en tiempos de Enrique VIL En las dos generaciones siguientes esos gastos se quintuplicaron. Después de la restauración, se les asignó a los monarcas una lista civil, lo que nos permite disponer desde entonces de las cifras exactas de sus gastos.[7] Es verdad que las 1.200.000 libras esterlinas acordadas a Carlos II no se hicieron nunca plenamente efectivas, y de esta suerte el pobre monarca, que andaba tan necesitado, sufrió apuros de dinero: su presupuesto de gastos para el ejercicio de 1675 a 1676 fue tan sólo de 462.115 libras esterlinas.

Guillermo III, durante su reinado (desde el 5 de noviembre de 1688 al 25 de marzo de 1702), gastó un total de 8.880.506 libras esterlinas para sus necesidades y las de su corte. La reina Ana gastó durante los doce años siguientes 7.604.848 libras esterlinas, esto es, un promedio anual de 585.900. Su lista civil ascendía a 700.000, para un presupuesto total que, en tiempo de paz, ascendía a 1.965.605. La lista civil en la época de los primeros Jorges osciló entre 800.000 y 900.000 libras esterlinas. Con Jorge III, llegó a 923.196.

La historia íntima de la corte de Inglaterra indica que también ahí el lujo lo imponían las *maîtresses*. Con el nacimiento de la corte inglesa surgen las favoritas del rey, con su propensión al lujo y al placer: Bárbara Palmer o Louise Kéroual. Esta última fue cortejada por el propio Luis XIV, cuando la dama inglesa viajó a París; y se ha dicho –no sin fundamento– que el lazo de su talle sirvió para mantener unidas, durante quince años, a Inglaterra y Francia. Citemos también a Catherine Sedley, a la baronesa de Darlington, a la condesa de Dorchester y tantas otras *maîtresses en titre* de los Estuardos. Como se sabe, el príncipe elector Jorge Luis de Hannover, elegido rey de Inglaterra, se llevó a su amante, convirtiéndola después en condesa de Arlington y duquesa de Kendel. El mismo Jorge II, tan apegado a su tierra, reclutaba en Hannover sus *maîtresses*. Una de ellas, oriunda de Wallmoden, acabó siendo condesa de Yarmouth.

No es neceado recordar aquí las condiciones que se daban en las cortes alemanas, como las de Sajonia, Hannover o Wurtemberg, donde también reinaba el lujo. Tampoco merece la pena mencionar las cortes de Europa oriental pues no tuvieron el influjo que sí tuvieron las occidentales en el desarrollo económico.

Sólo me referiré a uno de los consumos que tuvieron todas estas cortes: la porcelana. A principios del siglo XVIII, se empezó a fabricar porcelana en Europa, lo que dio origen a una de las industrias más importantes del continente; una industria espoleada por el sinfín de pedidos que hicieron los príncipes que, en su afición por este nuevo material, convirtieron a la porcelana en objeto de verdaderas locuras.

Baste esta lista de pedidos de la corte de Sajonia (25 de febrero de 1732), para una vajilla china: 30 juegos de 6 platos; 266 jarrones de diferentes formas; 198 figuras de toda clase de animales, pequeños y grandes; 198 figuras de pájaros; 48 soperas; 170 platos, para un total de 910 piezas.

3. Los *caballeros* y los *parvenus*

Este lujo se propagó paulatinamente por todas aquellas clases sociales que o bien tenían alguna relación con la corte, o bien veían en ella el ideal de vida. Puede decirse que toda la clase de los adinerados anheló el lujo igual que los círculos cortesanos. Los miembros de la corte tenían, en definitiva, la obligación de participar en este festival de lujo, una obligación que imponían los monarcas, especialmente Luis XIV y que acababa teniendo su reflejo sobre toda la sociedad.

Un testigo de la época describe como sigue la decisiva influencia del Rey Sol: "Gustaba en todo de la magnificencia, de la profusión, y la convirtió en su máxima política, imponiéndola a toda su corte. Es agradable el lanzarse a lo magnífico en la mesa, el vestido, los carruajes, los edificios, el juego... Es una plaga que, una vez introducida, se ha convertido en cáncer interior que roe a todos, pues de la corte se ha propagado a París, a las provincias y a los ejércitos, donde los funcionarios cuentan en proporción a su mesa y magnificencia. Es tal la locura de las gentes, que va siempre en crecimiento. Las consecuencias son infinitas y conducen nada menos que a la ruina general".[8]

El monarca era considerado, sobre todo en Francia, como una divinidad. Luis XIV se convirtió en árbitro del gusto de París –de ese París que "imita a la corte", como decía La Bruyère– pero también del gusto de Francia y de toda Europa. Quién disponía de recursos seguía ciegamente los gustos del monarca, y pretendía que sus palacios fueran como los construidos por Mansart; sus jardines, como los arreglados por Le Nôtre; sus muebles, como los diseñados por Lebrun; sus cuadros, como los pintados por Rigaud.

Este afán de lujo no habría llegado a recorrer tan rápidamente toda Europa, ni los dispendios en lujo habrían alcanzado tal proporción, de no ser porque intervinieron otras causas. Sin duda, la clase de los *nouveaux riches* –cuyo ascenso estudiamos en anteriores capítulos– manifestó un deseo de gozar, una sed de lujo, un afán de ostentar de tal magnitud que recorrió Europa como una plaga. Ahora vamos a ver cómo influyeron estos elementos en la transformación de la vida, y principalmente cómo contribuyeron al desarrollo del lujo. Debemos analizar ahora cómo influyó esta nueva clase sobre el nuevo estilo de vida y, más aún, como fomentó el desarrollo cuantitativo de la demanda de bienes de lujo.

La tendencia a gastar en objetos de lujo una riqueza recientemente conseguida es un fenómeno recurrente en nuestra cultura. Las causas de este fenómeno son conocidas. Lo que incita al adinerado tendero a adquirir bienes de lujo es (salvo que opte por atesorar sus riquezas, lo que da lugar a otra figura), por un lado, la torpeza que impide al hombre natural y tosco no saber sacar de la vida más que placeres materiales como los que da el acumulo de bienes de disfrute y, por otro lado, el ardiente deseo de conquistar un puesto junto a las clases distinguidas. Todo esto desarrolla en el nuevo rico un extraordinario afán de lujo, de honores, de goces materiales: es el lujo del *parvenu*.

Sin duda se equivoca Diderot, cuando sostiene que en otros tiempos la gente llana enriquecida vivía modestamente, y que sólo en su tiempo se dieron a la manía de exhibir sus riquezas. Y está tan convencido que señala a un tal Bonnier como el primer burgués que ostentó con boato su riqueza. Sabemos, sin embargo, que ya en tiempos de Dante los *parvenus* presumían hasta enloquecidamente de sus riquezas, como ese tal Giacomo de Sant'Andrea, que arrojaba al río objetos de oro y plata, e incendiaba edificios para aumentar el regocijo de una fiesta. Ya entonces había tantos como él para formar una sociedad de disfrutones, de derrochadores, una *brigata godericcia, spendericcia*.

La gente nuova e i subiti guadagni
Orgoglio o dismisura han generata
Firenze in te, su che tu gia te piagni.
Dante (*Infierno*, 16, 73-75)

Ni siquiera para Francia tiene razón Diderot. ¿Acaso no vivió en Francia, en el siglo XV, Jacques Coeur, un prestamista enriquecido que tenía palacios en París, Lyon, Tours y en siete localidades más? ¿No hemos de colocar entre los ricachones a Semblancay o a Thomas Bohier, que construyó Chenonceaux en el siglo XVI? ¿Podemos olvidar a la canalla enriquecida del siglo XVII, que, como el mismo Luis XIV decía, llevaba "un lujo desvergonzado"? Las palabras del monarca son reveladoras: se refiere a "financieros que, por una parte, encubren sus malversaciones con toda suerte de artificios, y las descubren, por otra parte, en su lujo insolente y audaz, como si temiesen dejármelas ignorar". Incluso Fouquet, el gran malversador, pertenece a este grupo: gastó en fines suntuarios unos 30 millones de francos, de los cuales 18 fueron destinados a la construcción de su palacio de Vaux, según refiere, con indignación, Colbert, que desdeñaba el gran lujo, en su memoria sobre Fouquet.

La íntima relación entre el ascenso de los plebeyos y el desarrollo del lujo puede verse si se examinan los períodos en que surgen en gran número esas gentes, *quos virtus aut fortuna et faece hominum extulit*.[9] Estos períodos constituyen otras tantas etapas en el despliegue del lujo moderno: la época italiana de los siglos XIV y XV, la alemana de los siglos XV y XVI, la hispano-holandesa del XVII y la franco-británica del siglo XVIII.

Lo relevante para nuestro estudio es, en definitiva, el tremendo progreso hacia la "prosperidad" y, más aún, hacia la comodidad física que se verifica en los países europeos desde el siglo XVII en adelante. De gran utilidad para el estudio de este progreso son los distintos almanaques que se publicaban entonces y que reflejan cómo los bienes de lujo fueron entrando en cada vez más ámbitos de la vida cotidiana. También se han preservado muchos testimonios sobre la vida en los hogares y sus gastos.

Aproximadamente a mediados del siglo XVIII se observa una diferencia muy notable entre las clases elevadas de ese momento y sus antecesores del siglo XVII –algo parecido a la que existe entre la Alemania de hoy y la anterior a 1870. "Resulta difícil vivir con lo que nos dejan": Quejas como esta abundan, y no sorprenden si tenemos en cuenta que una parte considerable de las grandes fortunas se evaporaba en gastos de lujo. D'Epinay gastó entre 1751 y 1755 un millón y medio de libras; Roussel dilapidó 12 millones; Dupin de Chenonceaux, entre siete y ocho; Savalette, 10; Bouret, 40. El conde de Artois, vecino del acaudalado Faventenés, se expresaba en estos términos: "Bien quisiera meter en mi casa un brazo del torrente de oro que mana de su roca." Todos hacían ostentación de lujo: en muebles, edificios, vestidos. Los almacenes de la calle Saint-Honoré, que surtían de riquísimas telas a toda Francia y parte del extranjero, vendieron en pocos días todas sus existencias cuando, en 1720, cayó una lluvia de oro sobre París. "Ya no quedan terciopelos, ni encajes de oro, aunque los telares no dejan de producirlos" relata Duhautchamp, que describe unas calles repletas de gente luciendo coloridos vestidos de seda, ricos bordados y alhajas de oro y plata.

Parece, por tanto, que para el desarrollo de la sociedad moderna tuvo una extraordinaria importancia el que los nuevos ricos, que no poseen más que su dinero y que no conocen otro medio de distinguirse que el de destinar su fortuna a la ostentación, contagiaran su visión materialista y plutocrática del mundo a las antiguas familias aristocráticas, que de ese modo también se adentraron en el torbellino de la vida placentera. En un capítulo de mi obra El *capitalismo moderno*, donde trato de la formación de las grandes fortunas, sostengo que el enriquecimiento de los prestamistas burgueses se debió al empobrecimiento de la nobleza. Y que este proceso de transformación de la riqueza feudal en riqueza burguesa se dio en los todos países de Europa y ya desde la época de las Cruzadas. Añado ahora que una de las causas principales del empobrecimiento de la nobleza –y que hizo que ocuparan su lugar los *homines quos virtus aut fortuna e faece extulit*–, fue su afán de eclipsar el derroche y lujo de los nuevos ricos. La renuncia a las antiguas tradiciones aristocráticas de la distinción trajo como consecuencia o la ruina o "esos matrimonios vergonzosos".

En esta evolución, el proceso de mediación que nos interesa aquí es el de la vulgarización de las familias nobles y su aceptación del espíritu materialista. Junto con el influjo de la vida cortesana, esta transformación se debe a los *subiti guadagni* de los Turcarets. Este proceso me parece especialmente relevante.

Esta inclinación fatal de los nobles a rivalizar en lujo con los nuevos ricos aparece en todos los países europeos siempre que, de modo súbito, aumenta la riqueza burguesa. De Alemania en el siglo XV se decía que sus caballeros se distinguían "por su brutalidad y por sus galas afeminadas." La ostentación en el vestir fue el principal motivo de su endeudamiento. Como dice un moralista de la época: "El excesivo coste de los vestidos está causando la decadencia de los nobles alemanes, que quieren llevar la misma vida de ostentación que los comerciantes ricos de la ciudad, pero no tienen el dinero que tienen estos. Por eso la nobleza contrae cuantiosas deudas y cae irremisiblemente en las garras de usureros, teniendo que vender sus propiedades en todo o en parte". Se dice que una viuda de Hendorf vendió la aldea de Göppingen a cambio de una ridícula suma con la que pudo comprarse el vestido de terciopelo azul que quería lucir en un torneo. (En nuestros días, asistimos a los últimos esfuerzos de las últimas familias de abolengo por sustraerse al espíritu materialista, y casi nos parece quijotismo el afán con que bienintencionados heraldos de la nobleza empobrecida denuncian ante sus iguales los peligros del lujo.)

El período de descomposición de la nobleza empezó en Francia un poco más tarde. Sully, noble de rancia estirpe, y quizá algo pesimista, se lamentaba de la nefasta influencia que sobre las clases dominantes tenían las fortunas de financieros y prestamistas. Sus memorables palabras explican con los términos de la época uno de los pasos más importantes de la historia moderna: "Nada ha contribuido tanto a pervertir entre nosotros la idea de la probidad, de la sencillez y del desinterés, o a ridiculizar estas virtudes; nada ha fortificado tanto la desgraciada propensión de los hombres al lujo y a la molicie...; nada degrada tanto la nobleza francesa como esas fortunas rápidas y brillantes de los tratantes y demás hombres de negocios, por la opinión harto fundada, que han propagado, de que no hay en Francia casi otro modo que ese de llegar a los honores y a los primeros puestos, y de que todo entonces queda olvidado y todo permitido."

En los siglos XVII y XVIII, los antiguos principios aristocráticos se vienen abajo rápidamente en todos los países, como hemos demostrado en la sección tercera del capítulo primero. Pero lo que, en este punto del análisis, conviene subrayar es que el cambio en la cosmovisión de la nobleza estaba destinado a impulsar aún más ese gran torrente del lujo, cuyas fuentes hemos intentado rastrear. Si el nuevo rico y la corte incitaron en un primer momento al noble a perseguir el lujo, en un segundo momento será la propia nobleza la que imprimirá al lujo sus cualidades más destacadas; de ahí que, a diferencia de la nuestra, en esa época el lujo tuviera un sello aristocrático, no obstante la presencia de los nuevos ricos.

Durante todo el periodo estudiado aquí, el lujo presenta en todas partes un carácter fundamental aristocrático; a pesar de las alianzas con la sangre plebeya, la aristocracia y la corte seguían marcando el tono a la vida. Unas veces será más bien la corte, como en Francia en el siglo XVII; otras veces será más bien la "sociedad", como en Italia en el siglo XVI e Inglaterra en el XVIII. Pero serán siempre estos dos elementos los únicos substratos en la civilización del lujo. Estos círculos, en los cuales se despliega todo el lujo, destacaban –en su propia representación y en la de los demás– sobre el mundo burgués y comercial, aunque ahí estuvieran las grandes fortunas. Incluso en Inglaterra, aún a finales del siglo XVIII, la diferencia entre el hombre del Mayfair y el de la City, entre el caballero y el parlamentarista "roundhead", seguía presente, si ya no en el viejo sentido político, sin duda en el sentido social. Así lo dicen los observadores: "La ociosidad, la sensualidad, la vida desordenada y la propensión a las costumbres francesas son las cosas que los habitantes de la City reprochan a los londinenses del

Oeste, los cuales devuelven la burla describiendo a los de la City como descorteses, brutos, cuyo único mérito consiste en tener dinero. Cuando observo esta ciudad en sus distintos barrios y distritos, veo algo parecido a un conjunto de naciones, cada una con sus propias costumbres, sus propios hábitos, sus propios intereses".[10]

Chateaubriand describe su época diciendo: "la corte y la ciudad, los literatos, los economistas y los enciclopedistas, los grandes señores y los hidalgos, los financieros y los burgueses, se parecen todos, como demuestran las memorias que nos han dejado". Estas palabras se refieren, sin embargo, sólo a lo mejor de la sociedad, a la crema. El "suero", como llamaba Goethe a la clase media, no contaba todavía para nada. El "burgués", grande o pequeño, no contaba. El estilo de vida seguía siendo señorial. El dinero, y todo lo asociado con él, era despreciado. Gestionar dinero, administrar ingresos y gastos se consideraba ordinario y se encomendaba a los sirvientes, que para eso estaban, para ocuparse de la economía doméstica. La vida, en definitiva, no es grata, si hay que dedicarla a estas menudencias. Se pide lo que se necesita, el sirviente recibe la orden y será cosa suya gestionar el dinero para conseguirlo, y si puede a no pagar al comerciante no es cosa que preocupe al señor. Es cosa de tenderos considerar que las facturas han de honorarse o, también, echar cuentas antes de hacer una compra.

Este desprecio señorial hacia la economía ordenada es propio también de los especuladores; en esto la alta finanza coincidía con la vieja nobleza: ambas saben del gasto y no se interesan por los ingresos. Los financieros están acostumbrados a recibir como por encanto grandes ganancias, y a vivir despreocupadamente. Lo que puedan despilfarrar o perder en una noche, confían en recuperarlo con creces al día siguiente. La alta finanza está tan lejos de la parsimonia del tendero como lo está la aristocracia feudal. Ni una ni otra conocen la idea del ahorro. La frugalidad de la pequeña burguesía –que acabará extendiéndose a todas las clases medias– nada tiene que ver con las capas ricas de los albores del capitalismo, con las capas que consumían lujo. Este consumo, que defino como señorial, es el que analizamos en este libro, también si se trata del consumo señorial realizado por los burgueses enriquecidos. Unos ejemplos lo explicarán mejor.

El famoso Bassompierre, verdadero paradigma de los de su clase, protagonizó reveladoras historias. En cierta fiesta lució un vestido de paño de oro, adornado con palmas, cubierto de perlas, cuyo peso él mismo estimaba en 50 libras: costó 14.000 escudos, de ellos tan sólo 700 por la mano de obra. Al recibir el encargo, el sastre pidió 4.000 escudos por adelantado, que Bassompierre solícito... tan sólo prometió. Al salir de la sastrería, Bassompierre se fue a cenar y luego, con los 700 escudos que llevaba en el bolsillo, a jugar: ganó 5.000 escudos, con los que, a la mañana siguiente, en un acto de debilidad, pagó al sastre. Siguió jugando en los días siguientes y ganando las cantidades que le restaban para completar el importe de la cuenta del sastre y 11.000 escudos más. Con la mitad de esa suma, compró una espada guarnecida de diamantes; la otra mitad la destinó a sus *menus plaisirs*.

Veamos algunas cifras referidas al juego. Orry de Falvy perdió en una noche 600.000 libras. Dupin de Chenonceaux, 700.000. De la Haye, en otra noche, 800.000 (en casa de madame de Genlis y contra M. de Fénelon). Un hijo de Paris-La Montagne, en una partida, pierde 80.000 escudos. El conde Jean Du Barry, prototipo del noble canallesco del siglo XVIII, perdió, en una sola sesión, 7.000 luises, y aún se jactaba de haber dejado en las mesas de juego 5 millones. En 1717 había en París 62 garitos de juegos de azar.

Para estas personas, el dinero no tenía valor y era objeto de desprecio. El mariscal Richelieu tiró por la ventana una bolsa llena de monedas, que su nieto, al que se la había dado, rechazó: que se la lleve un barrendero, dijo. El príncipe de Conti envió a su amiga un brillante; esta lo devolvió porque lo consideró demasiado pequeño; entonces, el príncipe redujo la piedra a polvo y la espolvoreo sobre su carta de contestación. El brillante valía entre 4 y 5.000 libras. El príncipe de Conti no pudo comprar pan y lana a sus sirvientes porque se gastaba su enorme fortuna en toda clase de objetos de lujo. El mariscal Soubise gastó 24.000 libras para entretener al rey el día que el monarca pasó un día en su casa. Madame de Matignon pagaba cada año 24.000 libras a su peluquero para lucir cada día un nuevo peinado.

Las deudas de estas personas podían ser astronómicas. Madame de Guémenée llegó a deber 60.000 libras a su zapatero. El duque de Lauzun adeudaba dos millones de libras, después de haber consumido una fortuna que generaba una renta anual de 100.000 escudos. Los datos publicados por Emile Langlade referidos a la modista Rose Bertin dan idea de cómo se administraba la aristocracia. A principios de 1790, las sumas que se le adeudaban eran: la marquesa de Bouille, años 1774 a 1786, 6.791 libras; la condesa de Salles, años 1778-1781, 1.148 libras; la condesa de Duras, años 1774-1789, 7.386 libras; el conde Auguste de Lamarck, años 1774-1775, 1.558 libras; el caballero de Saint-Paul, año 1778, 1.343 libras. Además de todas estas personas, tenía créditos, desde hacía muchos años, contra la vizcondesa de Polastron, por 19.960 libras; contra la princesa de Rochefort, por 10.904 libras; contra la marquesa de Tonnerre, por 10.946 libras. Los pagos pendientes que la gran modista tenía contra su escogidísima clientela ascendían a 490.000 francos.

Ha llegado hasta nosotros una serie de datos sobre el lujo en el vestir durante los siglos XV y XVI. Son inventarios detallados del vestuario de Valentina e Isabel Visconti, de Blanca María Sforza, de Lucrecia Borgia. Esta última, por ejemplo, tenía 50 vestidos de brocatel y terciopelo, con bordados y encajes; necesitó 150 mulas para transportar su vestuario cuando salió de Roma.

También son fuente valiosa para el conocimiento de esta materia las obras de arte y las descripciones de fiestas, ceremonias, etc. Así, por ejemplo, Burchard, en su diario, describe la entrada en Roma del príncipe Federico de Nápoles: "Los jinetes cabalgaban majestuosos sobre soberbios caballos, llevando vestidos de brocatel y oro, adornados con riquísimas joyas, sobre el pecho, los sombreros, etc. El príncipe lucía casaca de terciopelo violeta, collar de perlas y piedras preciosas por valor de 6.000 ducados, cinturón y espada de igual valor. Las riendas estaban guarnecidas con perlas y joyas riquísimas, y los arreos y aparejos del caballo del príncipe eran dorados."

Tras el Renacimiento, los vestidos se hicieron aún más ricos durante el período barroco, por no hablar del rococó. Sabemos, por ejemplo, que en Inglaterra, en el siglo XVII, la elegancia en el vestir era signo de clase y condición de caballero. La moda de entonces era exquisitamente elegante:

como las botas altas, forradas de riquísimas telas y guarnecidas de encajes. En la confección de los vestidos entraban en gran proporción las telas de seda y terciopelo. Véanse los cuadros de Van Dyck. Se hacían grandes dispendios en ropa. El duque de Buckingham poseía en 1625 27 vestidos de terciopelo, seda, encajes, perlas, etc.; cada uno de ellos había costado, aproximadamente, 35.000 francos. Una carta de Madame de Maintenon, menciona a un matrimonio noble que gastaba en vestidos la tercera parte de su fortuna. En el siglo XVIII el lujo en el vestir adquiere aún más refinamiento. Un vestido elegante de caballero valía, por término medio, 1.200 a 1.500 libras. Toda persona que se estimase tenía seis trajes de verano y otros seis de invierno. Los vestidos de ceremonia llegaban a valer hasta 15.000 libras.

El lujo en la ropa interior –el lujo erótico *par excellence*– empezó en esta época. El muy respetado autor del *Complete English Tradesman*, Daniel Defoe, se irrita ante el hecho de que el *gentleman* use camisas de lino a 10 y 12 chelines la vara y las mude dos veces al día. En otros tiempos se usaban camisas de lino holandés que costaban la mitad y se mudaban dos veces por semana. "Estos elegantes de hoy –añade el maligno autor– se cambian con mucha frecuencia de ropa interior, será porque su cuerpo no está más limpio que el de sus antepasados."

Lo que más caracterizaba al lujo señorial era su ostentación y pomposidad: vestidos recargados, carrozas doradas, criados por legión (recuerdo del antiguo séquito). Son conocidas las quejas de Adam Smith contra los malos hábitos de sus contemporáneos, que se rodean de tantos brazos improductivos que mejor estarían trabajando en los telares. Defoe, también contrario a ese estilo señorial, observa que comerciantes muy ordinarios de Londres tenían dos y más criadas, y algunos un criado y aún dos. La esposa de cierto comerciante tenía a su servicio cinco doncellas y un criado. Las libreas azules usadas por estos criados de los comerciantes llegaron a una cifra tan considerable, que recibieron el nombre de libreas de comerciante. En vista de ello, los *gentlemen* ya no quisieron que sus criados usasen libreas de ese color. El lujo señorial llegó a generalizarse de tal manera, que fue aceptado por los burgueses como cosa corriente. ¡Cómo no estaría de difundido en la clase noble! Así no sorprende que cierto lord inglés tuviese cien palafreneros en sus cuadras. Sin embargo, hay cifras que producen verdadero asombro. El duque de Nevers tenía a su servicio 146 criados; el de Pontchartrain, 113; el duque de Choiseul, 400 (de ellos, 54 con librea); madame de Sevigné, 30 o 40. Los nuevos ricos, naturalmente, imitaban este lujo aristocrático. Un pintor paisajista, que llegó a hacer fortuna invirtiendo acciones en el Mississippi, tenía 90 criados. "Hay una casa de financiero donde hallaréis 24 criados con librea, sin contar los pinches, ayudantes de cocina y las seis doncellas de la señora," escribe Mercier, que menciona que cierto *parvenu* toma su chocolate rodeado de cuatro sirvientes.

El carácter aristocrático del lujo radica también, en esta época, en que el lujo seguía pautas bien definidas. No ya sólo en un sentido negativo, es decir, restringido a unos pocos e inaccesible a la gran masa, sino en el sentido positivo, por así decir, de que hasta el más tosco de los *parvenus* debía someterse al buen gusto que, por definición, sólo tienen unos pocos. Este lujo, siempre atento a lo estético y a las formas, es propio de las clases altas. Los cuatro estilos que marcan la época que estudiamos –gótico, renacimiento, barroco y rococó– son los de la clase dominante. Se trata, efectivamente, de "estilos", a diferencia del de nuestros días, que nada tiene de distintivo y mucho de plebeyo.

En el siglo XVIII, sin embargo, ya empezó a manifestarse en Inglaterra un estilo "burgués": una avanzadilla de lo plebeyo. Según Muther, esta nueva dimensión ya está presente en los retratos de Reynolds y Gainsborough. A mi entender, estos dos retratistas reflejan, por el contrario, la esencia aristocrática de la época. Sin duda, Mrs. Siddons aparece retratada por Gainsborough con "ropa de calle, un gran sombrero, el manguito en la mano y ningún adorno de perlas, sino solo un sencillo lazo de seda al cuello". Sin embargo, entre esta dama y una señora de hoy hay un abismo, que también debía de separarla entonces de las señoras de la City. El cuadro *Blue Boy* de Gainsborough, ¿no es el epítome del ocaso de la cultura aristocrática? La tesis de Muther quizá sí valga para Hogarth, cuya obra, tras el interludio de la influencia holandesa, sí refleja al "animal incivil y grosero". Pero las obras de Hogarth no pretendían en modo alguno reflejar la sociedad del lujo.

Pero, ¿y la mujer, la cortesana, la amena compañera? Ya sabemos que mantener a las *maîtresses* era cosa natural en el siglo XVIII. "¿Qué hombre no tiene una querida?", exclama con la mayor naturalidad, un filósofo de aquella época. Podemos decir que los despilfarros de aquella sociedad se hacían en su mayoría en nombre del amor ilegítimo, y lo sobrante, se daba a las esposas legítimas. Disponemos de datos que reflejan la prodigiosa exuberancia de famosos cortesanos del XVIII. El abogado Carsillier, refiriéndose a la "adorable Deschamps", escribe: "El lujo de esa dama produce la admiración de todo París. Por ella se agotaron las minas de Golconda. El dinero nace bajo sus pies." Las amantes de los grandes financieros eran conocidas en París por su *luxe insolent*; así, por ejemplo, por las manos de madame Petitpas o de madame Dufresne, amantes del opulento La Mosson, pasaban sumas enormes. La amante de otro gran financiero, "Maison Rouge", bailarina en la Ópera, le sacó a su amigo lo siguiente: 210.000 libras para edificios y mobiliario, 150.000 para adornos, 50.000 escudos para cuadros y vajilla de plata. El joven Chauvelin contrajo por causa de la bailarina mademoiselle Minos deudas por valor de 1.600.140 libras. Saint-James, tesorero de la Marina, regaló a mademoiselle de Beauvoisin joyas por valor de 1.800.000 libras, además de una renta anual de 20.000 escudos. Una cortesana "distinguida" solía recibir una renta mensual de unas 10.000 libras (200 escudos).

Quisiera ahora demostrar con toda claridad la íntima relación entre el desarrollo del lujo y el predominio de la cortesana –y en algunos casos de la mujer legítima que seguía comportamientos de cortesana–, aportando datos que reflejan los gastos extravagantes de algunos casos individuales. Aportando datos más detallados, pretendo subrayar la esencia misma del lujo, de modo que podamos entender no ya sólo cómo se desplegaba el lujo sino cómo el gasto individual y general en bienes de lujo está ligado al desarrollo inicial del capitalismo en la industria y el comercio.

V. El triunfo de la mujer

He expuesto hasta aquí los rasgos comunes del lujo en los albores del capitalismo. Quisiera ahora subrayar cómo las distintas etapas por las que pasó el desarrollo del lujo estuvieran determinadas por la mujer, por el tipo de mujer al que venimos haciendo referencia.

1. Tendencias generales en el desarrollo del lujo

Me refiero en este libro al lujo en el período comprendido entre 1200 y 1800. Todos los esfuerzos, como el de Roscher, por establecer una teoría general del lujo en la historia me parecen absurdos; como absurdas son también esas teorías, como las de Tolpatsch, que mezclan un fenómeno tan complejo como el del lujo con la "concepción materialista de la historia" –una concepción, además, mal entendida.

Distingo las siguientes tendencias generales en el desarrollo del lujo:

a) *Tendencia a la interiorización.* Si en la Edad Media el lujo se mostraba ante todo en público, después del siglo XVII, se va encerrando en las casas, se convierte en privado. Durante el Renacimiento, el lujo aún se exteriorizaba en torneos, espectáculos fastuosos, cortejos, convites públicos. Ahora se transforma en lujo doméstico, perdiendo su carácter pasajero y convirtiéndose en estable.

b) *Tendencia a la objetivación*. El lujo, en el periodo estudiado, aún conservaba una clara dimensión personal, que se manifestaba a través de la acumulación, de lo cuantitativo. Nos hemos referido al origen señorial de esta característica, como por ejemplo en la numerosa servidumbre, supervivencia de los antiguos séquitos. Pero es un hecho innegable que, a partir de la Edad Media, los rasgos de este lujo personal se van debilitando cada vez más, sin interrupción. Hasta ese momento el lujo se manifestaba sobre todo en las fiestas y diversiones organizadas en la corte. A partir de ese momento, la numerosa servidumbre no es sino fenómeno concomitante del creciente consumo de cosas y objetos de lujo. En esta objetivación, nuevamente, la mujer llevará la iniciativa: le importan más los trajes suntuosos, la casa decorada, las alhajas que un numeroso séquito. Esto tiene una clara relevancia económica. Adam Smith podría haberlo explicado como una transición desde el lujo "improductivo" al "productivo", es decir, el lujo personal sería productivo en el sentido capitalista porque proporciona trabajos productivos a la mano de obra y a la empresa capitalista. Esta objetivación del lujo ha sido fundamental para el desarrollo del capitalismo.

c) *Tendencia a la sensualidad y refinamiento*. Una tendencia que va de la mano de la objetivación. Me refiero aquí al hecho de que el lujo se fue alejando de los valores ideales –del arte, por ejemplo– para desplegarse en los ámbitos más cercanos al instinto animal. Decían los Goncourt, a propósito de Madame Du Barry: "Su protección del arte incluye ahora a los cinceladores de bronces, a los escultores en madera, a los bordadores, a las modistas". Con estas palabras querían subrayar la diferencia con el período de la Pompadour. Este cambio –económicamente, de enorme importancia– señala la transición entre el siglo XVII y el XVIII, esto es, el triunfo del rococó sobre el barroco. Triunfo que no significa otra cosa que la definitiva victoria de la mujer, que conscientemente usa su sexo para apuntalar su posición dominante. El estilo rococó, eminentemente femenino, llegó a dominar sobre todos los ámbitos de la cultura. Todas las creaciones artísticas y decorativas de esa época reflejan el triunfo de la mujer: "Espejos de pilastras, cojines de Lyon, lechos de seda azul celeste con colgaduras blancas de tul, enaguas de seda azul pálido, medias de seda grises, vestidos de seda rosa, coquetones peinadores guarnecidos con plumas de cisne y de avestruz, y con encajes de Brabante". Todo esto y más nos refiere Muther en sus magníficas descripciones del rococó, tan bien reflejadas en las "Sinfonías de salón" del pintor francés Pater.

La sensualización del lujo está directamente relacionada con su refinamiento, es decir, más allá del uso de materiales más costosos, con el aumento de las horas de trabajo requeridas para producir un objeto. Así se fortalece la industria capitalista y el comercio capitalista, que abastece de los materiales preciados.

d) *Tendencia a la recurrencia*; es decir, que se dan simultáneamente múltiples manifestaciones del lujo: ya sea en la gran cantidad de objetos o en la satisfacción de todo tipo de deseos. También significa que lo esporádico se hace recurrente o permanente: así, las galas de fiesta se usan a diario, las fiestas antes anuales se celebran más a menudo, los desfiles de un día se convierten en festivales de varios días, los festines antes puntuales que son ahora cotidianos. Todo esto está vinculado a otro tipo de recurrencia ciertamente importante: la capacidad de producir rápida y sostenidamente bienes de lujo y de tenerlos siempre listos para su comercialización.

En la Edad Media, el tiempo de producción era muy largo; una obra maestra podía requerir años de trabajo, décadas incluso. No había prisa por terminar. La vida era, en cierto sentido, larga porque el individuo era miembro de un todo: la Iglesia, el convento, el municipio o la familia ya verían terminado el trabajo aunque el comitente ya hubiera muerto. ¡Cuántas generaciones no habrán colaborado en la Cartuja de Pavía! Ocho generaciones de la familia milanesa Sachi trabajaron, durante tres siglos, en las incrustaciones del altar. Cada catedral, cada claustro, cada Casa Consistorial, cada castillo construido en la Edad Media confirma la idea de la continuidad entre generaciones.

Pero cuando el individuo se emancipa de la colectividad, la duración de su propia vida se convierte en la medida de su goce. El individuo quiere presenciar en vida todas las transformaciones. Incluso los reyes se piensan como uno mismo antes que como eslabones de una dinastía: si mandan construir un palacio, quieren habitarlo antes de morir. Y cuando la mujer se apodera del mundo, el ritmo de producción se acelera aún más para poder satisfacer la demanda de lujo. La mujer tiene poca paciencia y el hombre enamorado no tiene ninguna.

Basten unos ejemplos de esta aceleración. El palacio de Luxemburgo, ordenado construir por María de Médicis, se terminó en tan sólo cinco años. En Versalles se trabajaba día y noche. "Para Versalles, hay dos talleres de carpintería: uno trabaja de día y el otro de noche", dice Colbert.[1] El conde de Artois hizo reconstruir su palacio de Bagatelle a fin de dar una fiesta a la reina: contrató a 900 obreros y artesanos que trabajaron día y noche, y cuando llegaron a faltar las piedras y la cal mandó a sus *huissiers* a que pararan y confiscaran todos los carros que acarrearan esos materiales en los alrededores del castillo.

Todos estos cambios se perciben, con mayor claridad si cabe, analizando en detalle algunos de los ámbitos más importantes del lujo. Esto nos permitirá, además, comprender la relevancia económica de estas transformaciones cuantitativas en las manifestaciones del lujo.

2. El lujo en la casa

a) *En la mesa.* Un lujo doméstico que surge en Italia durante los siglos XV y XVI, época en la que se configura el "arte culinario". Antes no existía más lujo que el devorar; ahora se refina este goce y se sustituye la calidad a la cantidad. También el lujo de la comida se traslada de Italia a Francia, donde, desde fines del siglo XVI, es objeto de especial culto. No es posible estudiar el desarrollo de esta variedad de lujo sin escribir un largo tratado sobre la preparación de los platos, algo que se aparta de la índole de nuestro trabajo. Sin embargo, formularemos una pregunta que ya hemos formulado en otros casos: ¿No es la mujer la que trajo este refinamiento culinario, este lujo en la mesa?"

Acaso la relación entre lo psicológico y lo fisiológico sea aún asunto discutido, y más de uno piense que el arte culinario y el arte de amar son, incluso, antitéticos. Se suele contraponer el erotismo y la *gourmandise* en las distintas etapas de la vida del hombre: amor a la mujer, ambición y amor a la mesa. Hombres extremadamente antieróticos, como Kant, son a veces grandes *gourmets*. Pero a mi entender, sin el refinamiento y sensualización del gusto, traídos por la mujer, el arte culinario no habría alcanzado gran desarrollo. ¿No será la apasionada gula de ciertos solterones una represión de los instintos eróticos, de suerte que la *gourmandise* en el hombre sería lo mismo que la afición a los gatos de algunas solteronas? Todo esto debería analizarse.

Pero hay al menos un punto que está fuera de toda duda: la relación entre el consumo de dulces y el predominio femenino. Aún hoy, puede trazarse la frontera que limita los ámbitos de mayor predominio de la mujer; es la misma que separa los países con buena y con mala cocina y repostería. En Italia, Austria, Francia y Polonia tienen exquisitos dulces; en el norte de Alemania no pasan del *flammeri*, y en Inglaterra, del *Albert-Cake*.

Sin duda, la relación entre el feminismo (de antiguo estilo) y el azúcar es muy relevante en la historia de la economía. Debido a la posición de predominio de la mujer en los albores del capitalismo, el azúcar conoció un rápida generalización, y gracias a este uso generalizado se extendió también por toda Europa el consumo de excitantes como el café, el cacao o el té. El comercio de estos cuatro artículos y su producción en las colonias europeas, así como la elaboración del cacao y el refinado del azúcar en los países de Europa, constituyen hechos importantes en el desarrollo del capitalismo. Los datos que poseemos sobre la historia de estos artículos y su difusión en Europa confirman plenamente esta conclusión. Como señala Lippman, la primera mención al azúcar data del siglo XIV.[2] En el siglo XV ya se consumía en Italia. Pancirollos informa que "no se celebra banquete en que no se sirva azúcar en variadas formas y figuras de grupos, pájaros, animales, cuadrúpedos, frutas variadísimas con su colorido natural y rellenas de exquisitas esencias, para encanto de la humanidad. Ya no se consume casi nada sin azúcar. El azúcar se utiliza en el vino, en el agua, en las carnes, en los pescados, en los huevos. En definitiva, se usa más el azúcar que la sal".[3]

Será Catalina de Médicis quien introduzca el consumo del azúcar en la distinguida sociedad de Francia. El séquito de esta princesa también dio a conocer en París el uso de los licores, que los franceses desarrollarían después. Una de las bebidas más conocidas en aquella época era la denominada "Aceite de Venus", compuesta de alcohol, azúcar y azafrán. Estienne, en su *Tratado de economía rural*, asegura que el consumo de azúcar estaba muy extendido. En 1560, La Bruyère Champier, médico de cámara de Francisco I, califica el azúcar de artículo imprescindible; naturalmente, sólo para la sociedad distinguida, pues esta sociedad "no consume nada que no esté espolvoreado con azúcar". Otro tanto puede decirse de Inglaterra en el siglo XVI; en todo convite distinguido figuran ineludiblemente los dulces, las jaleas, las mermeladas, los limones, naranjas y jengibre en almíbar, elaborándose mil caprichos y artículos de fantasía con el azúcar: figuritas, barcos, palacios, etc. Desde comienzos del siglo XVII, el cacao, el café y el té toman carta de naturaleza en Europa merced a la ayuda del azúcar, siendo las clases elevadas, especialmente la corte, las que primero harán consumo de estos artículos. El café se sirvió por vez primera en Francia con motivo de la recepción de Luis XIV a la embajada del sultán Mohamed IV, en 1670, y a partir de ese momento su consumo se introdujo en los círculos cortesanos. En las grandes ciudades, el café se acabaría sirviendo en establecimientos públicos, dando lugar a una nueva manifestación de lujo.

b) *El lujo en la vivienda.* Este fenómeno está estrechamente vinculado al ya mencionado desarrollo de la gran urbe. La metrópoli fomenta el lujo en los edificios y en el mobiliario, especialmente desde finales del siglo XVII. La reducción del espacio vital, debida a la concentración urbana, y la creciente objetivación del lujo personal como consecuencia del traslado de los señores a la ciudad, explican el fenómeno. Esto provocó, por así decir, una intensificación del lujo tanto en los materiales como en el refinamiento. Los enormes y desangelados castillos fueron sustituidos por palacios de proporciones más reducidas, pero donde se acumulaban toda clase de objetos preciosos.

Este estilo urbano acabará extendiéndose al campo: las casas de campo decoradas con elegancia urbana, es decir, las *villas* que –a semejanza de los tiempos de la antigüedad– serán una prolongación de la ciudad. El lujo, los modos y gustos de la cuidad, llegan así a los rincones más remotos del país.

Las descripciones de la época de las viviendas urbanas y rurales de las clases pudientes de Francia e Inglaterra a finales del siglo XVII y todo el siglo XVIII, nos parecen exageradas. Sin embargo, son tan recurrentes que debemos concluir que el lujo en la vivienda llegó realmente a unos niveles que, incluso a día de hoy, resultan extraordinarios. Baste recordar los suntuosos muebles barrocos y rococós que vemos, sueltos, en las tiendas de antigüedades y los museos e imaginar que los aposentos del marqués o del gran financiero del *ancien régime* estaban abigarrados de muebles como esos. Podemos imaginar también el dinero que costó amueblar esos palacios.

Ahora bien: ¿qué impulsa a los hombres a rodearse de esplendor? La respuesta es sencilla: la vivienda era el escenario principal en el que la sociedad distinguida desenvolvía su vida. La vivienda es también el nido que con mucho esmero construye la mujer para atraer al hombre. La historia del mueble demuestra esto fehacientemente.

Recordemos aquel erotismo de la época de los *Minnesängers*: ¿en qué escenarios se desplegaba esa vida entregada al amor? Quizá en los bosques, ya que los castillos no eran lugar muy adecuado para las citas apasionadas. Sin duda el amor era entonces muy distinto de lo que es en los tiempos actuales: lo gótico y lo erótico riman, pero no casan bien. También en este terreno, fue el Renacimiento el creador de nuevas modalidades de vida.

Italia creó, en los siglos XV y XVI, el *confort* y la elegancia en los muebles. Y los creó con el espíritu del Renacimiento que, por su naturaleza misma, atendía mejor que el rígido estilo gótico las necesidades de lo cotidiano. Aparecen entonces las camas blandas y suaves, las ricas alfombras, los muebles en las habitaciones, la abundancia y riqueza de la ropa de casa. Todo esto es, sin duda, obra de la mujer y, más aún, de la amante. Quizá la primera casa, en sentido moderno, decorada con arte y confort, haya sido *La Farnesina*, la quinta que el rico financiero Agostini Chigi mandó construir para su amante, la bella veneciana Morosina. ¡Y qué enorme diferencia entre el lujo de esa quinta y el del palacio de Paulo II, en el cual se inició la nueva arquitectura de Roma! Según Gregorovio, "para la nueva generación eran una necesidad la gracia y el jocundo deleite de los sentidos", porque vivía bajo el dominio de la mujer. La casa moderna nace por tanto en Roma, en el siglo XVI. También tenemos noticias del palacio de otra cortesana, la Imperia, que ya conocemos: "Esparcíanse en sus aposentos con tal profusión y lujo los tapices, los cuadros, los vasos, las chucherías, los libros selectos, los ricos muebles, que en cierta ocasión un noble embajador español escupió al rostro de un criado por no encontrar otro espacio libre donde hacer esta necesidad" (Gregorovio).

Las casas de estas cortesanas sirvieron de modelo de decoración y, como veremos, mantuvieron esta condición en los siglos siguientes. En Venecia, por ejemplo, la morada de Angela Zaffetta se consideraba un lugar de obligada visita: "Angela vivía en el Palazzo Loredan, instalado con pompa regia: tapices flamencos, brocateles, cueros dorados cubrían las paredes; en algunos salones podían admirarse pinturas al fresco de los artistas más famosos. Tapices turcos alfombraban los suelos; en las mesas lucían tapetes de terciopelo bordados en oro; los numerosos salones estaban llenos de muebles con ricas tallas e incrustaciones artísticas. En las alacenas se veían vasijas de plata, mayólicas de Faenza, CAffagiolo, Urbino, así como los más costosos cristales de Venecia. La propietaria, cuyo exquisito gusto era bien conocido, tenía en su morada una variadísima y rica colección de cuadros, armas, libros en preciosas encuadernaciones, mandolinas y valiosas menudencias artísticas."

Quizá el estilo barroco intentó emanciparse de la influencia femenina, pero acabó sometiéndose. Un arma que usó la mujer fue el espejo. Como dijo el poeta Regnier Desmarets en la siguiente estrofa:

Dans leurs cabinets enchantés
l'étoffe ne trouve plus place;

tous les murs, des quatre côtés
en sont de glaces incrustés;
chaque côté n'est qu'une glace.
Pour voir partout leur bonne grâce
partout elles veulent voir
la perspective d'un miroir.

La mujer otros recursos para hacer más confortable la casa y retener al hombre dentro de ella: perfuma las habitaciones, las adorna con flores. Así describe una visitante el palacio de madame de Rambouillet: "Todo en su casa es magnífico y único: las lámparas son distintas a las de otras partes, los gabinetes están llenos de mil curiosidades... El ambiente está siempre perfumado. Cestos magníficos, llenos de flores, hacen en su cuarto una primavera perpetua".

Pero, sin duda, la cama era el mueble más caro. A Madame de Montespan la obsequiaron con un lecho que costó 40.000 libras, y "otros tres también muy magníficos".

El extremo al que llega el lujo de la casa en esa época viene casi siempre dictado por las residencias de las favoritas del rey. Versalles marca, en este sentido, el punto álgido de este desarrollo durante el barroco, si bien ahí se combinan el deseo de agradar los deseos de una mujer con el empeño en crear la belleza más hermosa jamás hecha por el ser humano. Los caprichos del amor se manifiestan, por tanto, más claramente en los palacios particulares de las queridas del rey. En este sentido, tenemos el ejemplo del palacio de la duquesa de Portsmouth, una de las últimas amantes de Carlos II, descrito como sigue: "Lo que provoca mi admiración es la hermosura y opulencia de esta morada, muchas veces deshecha y reformada para atender los caprichos de esta dama, mientras su majestad la reina no gastaba más en su casa que algunas damas de la aristocracia. Pude ver los últimos tapices llegados de Francia, cuyos dibujos, delicadeza y vivas representaciones, superan cuanto he podido ver... Y también un gabinete con lacas japonesa, biombos, relojes, jarrones de plata, mesitas, *étagères*, adornos y accesorios de chimenea, braseros..., todo de plata maciza. Había, también, algunos magníficos retratos de Su Majestad...."[4]

Como vemos el rococó, un estilo erótico, se manifestó sobre todo en la decoración de las casas. El ejemplo más destacado de este estilo fue el palacio Luciennes, nido que Luis XV preparó a la Du Barry, y que hizo exclamar a los Goncourt: "¡Luciennes! Dijérase el palacio de una de esas soberanías cómicas, como las que vemos en los libros del siglo XVIII, en esas 'turquerías' donde, sometido a los deseos de una odalisca favorita, reina la antojadiza voluntad de un caprichoso sultán.[5]

Todo hombre deposición que dispusiera de medios creaba un pequeño Luciennes para su amante. Como el palacete "Bagatelle", en el Bois de Boulogne, que el mariscal Estrées, grande de España, regaló a su mujer a principios del siglo XVIII y que luego sería de madame de Monconseil, la amante del rey de Polonia, Estanislao. Las numerosas moradas de las *maîtresses* se llamaban las *petites maisons*, todas decoradas con parecido refinamiento.

El enorme despliegue del lujo en el siglo XVIII fue percibido como algo extraordinario por los propios contemporáneos. Mercier nos dice que "el mobiliario de las casas es de un esplendor exagerado y hasta vulgar", antes de concluir que "la magnificencia de la nación se muestra toda el interior de las casas". Otro contemporáneo señala: "Los muebles constituyen el principal objeto de lujo y el que ocasiona mayores gastos. Cada seis años se cambian, para dar paso a las últimas novedades de la elegancia".[6] En Inglaterra, este lujo se desarrolló con mayor fuerza aún que en Francia, aunque acaso sin el sello femenino de las *petites maisons* parisienses. Así describe un observador las moradas de los pudientes de Inglaterra: "La magnificencia con que los ingleses distinguidos instalan sus viviendas deja muy atrás todo lo que en este aspecto se ve en Europa: escaleras con tapices de variados tonos; balaustradas de caoba con molduras de las más caprichosas formas; sobre las balaustradas, grandes lámparas de cristal con follaje metálico; en los rellanos de la escalera, bustos, cuadros y medallones; aposentos estucados y dorados con adornos de cuadros valiosísimos y estatuillas; chimeneas de mármoles raros y con aplicaciones de figuritas, jarrones, etc. En las puertas hay cerraduras de acero y oro, muy artísticamente trabajadas, alfombras tan ricas que llegan a valer cientos de libras esterlinas; colgaduras fabricadas con las más costosas telas orientales; magníficos relojes de todas las clases, con todos los refinamientos de la mecánica."[7]

Leyendo la literatura del siglo XVIII que describe la vida de lujo que llevaban los ricos, pasando revista a los cuadros de palacios e interiores de aquella época, contemplando los monumentales edificios anteriores a 1800 de Viena, Londres o París, podemos, a falta de estadísticas, intuir la poderosa grandeza que alcanzó este lujo residencial.

Tengo ante mi una colección de grabados que representan famosas quintas de la *nobility* y de la *gentry* inglesas.[8] Es una edición en dos gruesos volúmenes den 1779, y reúne láminas y descripciones de 84 palacios. Su magnificencia impresiona, y las cifras permiten sopesar la suntuosidad de esas 84 mansiones señoriales. Citaremos como modelo la casa de campo del conde de Oxford en Houghton, Norfolk. La construcción fue iniciada en 1722 por sir Robert Walpole y terminada en 1735. Con sus dos alas, el palacio mide 500 pies. El cuerpo central tiene 165 pies de longitud. Los aposentos principales son: el salón, de 40 pies de largo, 40 de altura, 30 de ancho, con tapicería de terciopelo moteado de rosas; el techo está pintado por Kent; la chimenea y las mesas son de mármol negro y amarillo; el vestíbulo es una pieza cuadrada de 40 pies cuadrados, con una galería en piedra en tres de sus lados; los ornamentos y frisos son de Altari, etc., etc.

Mercier proporciona datos sobre la fiebre constructora de París en el siglo XVII: "En las últimas décadas, se han edificado 600 palacios. El interior de estos palacios parece obra de las hadas, pues la imaginación no puede superar tanto lujo". Las clases sociales que en aquel tiempo realizaron en París los más pingües negocios fueron –dice– los banqueros, los notarios y los contratistas de obras. Barrios enteros surgieron llenos de magníficos palacios.

3. El lujo en la ciudad

La gran ciudad, por las razones que hemos señalado, fomentó la inclinación al lujo. Así lo que confirman insuperables observadores de la época como Montesquieu en Francia o Mandeville en Inglaterra. La ciudad contribuye a aumentar las necesidades del lujo, también en el resto del país. Así, Pierre de Cadet, noble campesino francés, en el *Diario de su casa*, nos demuestra la decisiva influencia que la gran ciudad, con sus crecientes pretensiones de lujo, comenzó a ejercer en las costumbres de los provincianos, habituándoles a hacer gastos suntuarios y elevando el nivel de su vida. "Mi abuelo –dice– quiso ir a París, y en un año gastó 14.000 libras, lo que fue causa de que su padre dijera que un par de lentes que le trajo le habían costado 14.000 libras. Ya había un coche en la casa y cuatro caballos blancos. Mi abuelo volvió de París con una gran afición por los caballos de silla... Había traído de París un ayuda de cámara, de quien su padre decía, en broma, que no se atrevía a pedirle de beber, viéndole mejor vestido que él."

La importancia de la ciudad en el desarrollo del lujo también radica en que dio lugar a nuevas posibilidades de vida alegre y exuberante y, por tanto, a nuevas formas de lujo. Las fiestas ya no se limitaban a los palacios de los príncipes, sino que se extendían a otras clases sociales, que buscaban lugares de placer. A finales del siglo XVIII, el príncipe de Mónaco, en cuya casa falleció el duque de York, se trasladó a Inglaterra, invitado por el monarca, y, al llegar de noche y ver tal profusión de luces en calles y escaparates (las tiendas no cerraban hasta las diez), pensó que aquella iluminación era un festejo organizado en su honor. Esta anécdota refleja muy graciosamente la transformación esencial que por aquella época se inicia: el lujo privado van dando paso al lujo colectivo. Empieza un proceso de comunalización de la vida que acabará caracterizando la economía de los años siguientes. Hasta entonces, el tremendo efecto de la ciudad queda confinado en los límites estrechos de la demanda de bienes y diversiones de lujo por parte de las clases altas de la sociedad. También aquí, la mujer tiene una función destacada en el desarrollo del lujo de la gran ciudad. Los elementos más importantes son:

1. *Los teatros*, especialmente los elegantes teatros de ópera, que empezaron a construirse en Italia con gran magnificencia, y después siguieron construyéndose en las grandes ciudades de Europa. El teatro *San Carlo* de Nápoles construido en 1737 marca el hito de este proceso. Desde 1673, existían en París todas estas compañías teatrales: l'*Opéra* (llamada *Académie Royale de Musique*), que, tras la muerte de Molière, dará sus representaciones en el Palais Royal; la *Comédie Française*, que inaugura su nueva sede en la rue Saint Germain des Prés el 18 de abril de 1689, y la *Comédie Italienne*, que funcionaba en el Hôtel de Bourgogne.

Los teatros empiezan siendo teatros de corte, no permitiéndose la entrada sino a cortesanos e invitados. Pero poco a poco pierden su carácter cortesano y se fija precio de entrada para el público en general. Sin embargo, los teatros de primera categoría siguen siendo, durante mucho tiempo, centro de reunión de la sociedad distinguida, que aprovecha esta nueva ocasión para dedicarse al flirteo y hacer ostentación de lujo. Capón dice de París que la Real Academia de Música y Baile no es otra cosa que "una casa pública para los caballeros".[9]

2. *Los music-halls y salones de baile* (como diríamos hoy) que, según parece, se establecen con gran elegancia por primera vez en Londres, para mayor admiración de londinenses y forasteros. Defoe describe el más grande y principal de estos edificios, el *Pantheon*: "No debe olvidarse el Panteón, que en gusto, magnificencia y novedad de diseño y decorado debe ser proclamado superior a todo edificio de su especie en Europa. Su sala principal es realmente magnífica. Se halla iluminada por una cúpula central de considerable magnitud. Las estancias laterales también están bellamente ornamentadas con cuanta invención puede proponer el lujo moderno". En el Panteón se daba cada dos semanas un concierto, que terminaba con el correspondiente baile, al que podía asistir –añade Defoe, señalando lo que sin duda suponía una innovación todo el que abonara la entrada.

3. *Los restaurantes* distinguidos y las tabernas, que en el siglo XVIII eran propias de Londres, y envidiadas por los parisienses. Archenholtz describe las tabernas de Londres como sigue: "Allí se cena como se quiere, en cuartos particulares, en compañía de muchos o de pocos, con o sin mujeres, que lleva quien quiere; pero no se proporcionan, por lo general, hospedajes nocturnos, pues estos son únicamente habituales en los *bagnios*". Estos *bagnios*, otra de las atracciones de Londres, eran baños pero que servían para: "proporcionar placer a individuos de ambos sexos. Estas casas están magníficamente amuebladas, a lo príncipe. Todo lo que pueda halagar a los sentidos está dispuesto o se proporciona en seguida al que lo pide". "Aún en los juegos, los ingleses conservan su gravedad, de modo que todo acontece en estos baños con una seriedad y decencia difíciles de imaginar." En los restaurantes elegantes y en los *salons particuliers* se hacía un gasto tan extraordinario "que justifica el dicho del célebre Beaumarchais, quien, a pesar de conocer a fondo la vida de París, se asombraba de los placeres londinenses y afirmaba que en una sola noche de invierno en los 'baños' y restaurantes de Londres se gastaba más de lo necesario para mantener a las siete provincias durante seis meses" (Archenholtz).

No faltaban tampoco en París los restaurantes elegantes. Los más chic eran los del Palais Royal, como Beauvilliers, Huré o la Taverne anglaise. En el que se concentraran en torno al Palais Royal, centro de la "sociedad vividora", nos indica su carácter.

4. *Los hoteles* son, hasta finales del siglo XVIII, hoteles de lujo. Por eso su número era limitado. En Londres tenía fama el Hotel Savoy, situado en el sitio que actualmente ocupa el hotel del mismo nombre. El primer hotel de lujo que hubo en Europa es probablemente la *Locanda dell'Orso*, en Roma, que existía ya en tiempos de Sixto IV. Pero había otros lugares en los que la gran ciudad en crecimiento desplegaba su lujo; lugares donde el mundo elegante (léase: las damas y sobre todo las *demi-mondaines*) compraba los objetos de lujo. Es decir:

5. *Las tiendas*, que desde mediados del siglo XVIII empiezan a instaladas con gran cuidado y exquisitas decoraciones, hecho que preocupa a honrados *gentlemen*, como Daniel Defoe, que en su *Complete English Tradesman* dedica un capítulo a esas "tiendas elegantes". Un capítulo sorprendente para las mentes de nuestros días por cuanto pretende Defoe dejar testimonio de la locura de su época, describiendo una pastelería, cuya instalación costó –"en el año del Señor, 1710; recordémoslo"– 300 libras. La tienda se compone como sigue: en las ventanas, lunas de 12 a 16 pulgadas. Todos los pasillos están adornados con azulejos; en la habitación del fondo, un *panneau* con paisajes y figuras pintadas, dos grandes espejos con pilastras y un espejo de chimenea. En la habitación trasera, un gran espejo de pilastras de siete pies de altura, dos grandes candelabros, uno en la tienda y el otro en la habitación trasera. Tres grandes reverberos de cristal y ocho más pequeños en la tienda. Veinticinco candelabros de pared, con dos grandes candelabros de plata, en la habitación trasera; su valor es de 25 libras. Seis grandes fuentes de plata para trabajos de confitería. Doce grandes centros de mesa, tres de ellos de plata, para poner pastelillos, etcétera, en los días de fiesta. La pintura de las paredes, el dorado de los reverberos y las molduras y tallas de las ventanas valen 25 libras. Todas estas cosas, con otros detalles decorativos, componen el total de 300 libras, de que ya he hablado. En esta suma no figura el valor de los platos pequeños ni el de las tazas y porcelanas de China".

Considerando la composición de la sociedad londinense en aquel momento, podemos imaginar qué tipo de persona constituía el grueso de la clientela de estos establecimientos. Eran las mismas personas que llenaban los teatros.

"Si funcionara en Londres una comisión de castidad como la que hubo antaño en Viena, Londres quedaría despoblado. Infinidad de industrias de la alimentación, que sustentan a muchísimas familias, quedarían arruinadas, y Londres quedaría convertido en un desierto. El que quiera más pruebas que pregunte a los comerciantes de la City quiénes son sus mejores clientes. La ganancia de una noche la lleva estas gentes, a la mañana siguiente, a casa del tendero. Estas infelices están en la miseria por derro-

charlo todo en adornos. Sin ellas los teatros estarían vacíos." (Archenholtz.)

A alguna parte habían de ir a parar los cincuenta millones de francos
que, según Mercier, pasaban anualmente por las manos de las sacerdotisas
de Venus.

A modo de conclusión de esta sección, quisiera citar las palabras con las
que Godard d'Arcourt dedicó sus *Memorias turcas* a Madame Duthé, la
gran cortesana-actriz: "Sí, señoras mías; son ustedes el verdadero lujo,
necesarias a toda nación, el envidiable cebo que atrae a los extranjeros y sus
guineas. Veinte modestas ciudadanas valen menos para el tesoro real que
una sola de entre ustedes".[10]

VI. El capitalismo, hijo del lujo

1. Planteamiento correcto e incorrecto de la cuestión

¿Qué función tiene el lujo en la génesis del capitalismo? ¿Ha contribuido el lujo a desarrollar el capitalismo y, de ser así, de qué manera? Estas preguntas interesaron vivamente a los economistas, tanto teóricos como prácticos, de los siglos XVII y XVIII. Eran, en cierto modo, las preguntas que concentraban toda la problemática de la economía política del momento. En aquella época no se hablaba aún de capitalismo sino de industria, manufacturas o riqueza. Pero había unanimidad en reconocer que el lujo estaba detrás del desarrollo de unas formas económicas que entonces empezaron a surgir y que son las formas de la economía capitalista; de ahí que todos los partidarios del "progreso" económico fueran fervientes defensores del lujo. A lo sumo temían que un gran consumo de lujo menoscabase la formación de capitales. Pero se consolaban, como Adam Smith, con la convicción de que siempre habría suficientes personas ahorradoras para asegurar la necesaria reproducción y acumulación del capital.

Los gobiernos adoptaron actitudes benevolentes ante el lujo. En aquellos países en los que el sistema capitalista se desarrolló con mayor rapidez, se derogaron todas las leyes suntuarias. En 1621 se dictó en Inglaterra la última disposición sobre "indumentaria" que prohibía también determinados gastos de lujo. En Francia, en 1629, se publicó el último edicto limitando el lujo en la mesa. En 1664 y 1672 –por razones de política monetaria– se restringió el uso de metales preciosos para fines suntuarios. De 1636 encontramos una disposición que prohíbe los sombreros de castor cuyo valor exceda de 50 libras. En Francia, la última disposición sobre indumentaria data de 1708. Desde entonces las autoridades se convencieron de la "necesidad" del lujo (en beneficio de la industria capitalista); y los autores más destacados también defenderán el lujo, hasta que más tarde vino la reacción de los partidarios de Rousseau. Lo que todos estos pensadores estiman en el lujo es, sobre todo, su capacidad de crear nuevos mercados. Como dice Montesquieu: "Existe una necesidad absoluta de lujo [...]. De no gastar tanto los ricos, los pobres se morirían de hambre".[1] El ingenioso abate Coyer, por su parte, deja estas agudas observaciones acerca de la relevancia del lujo en los albores del capitalismo: "El lujo es como el fuego: puede calentar y puede quemar. Al arruinar las casas opulentas, mantiene nuestras manufacturas. Al dilapidar las herencias del disipador, alimenta a nuestros obreros. Al disminuir las propiedades de unos pocos, aumenta la prosperidad de muchos. Proscríbanse nuestras telas de Lyon, nuestros dorados, tapices, espejos, joyas, coches, muebles, las delicias de la mesa y, al instante, millones de brazos caerán en la inacción y millones de voces se alzarán pidiendo pan".[2]

De los numerosos libros franceses sobre "el lujo" destaca, entre los partidarios del lujo, el escrito por Pinto y que lleva por título: *Théorie du Luxe, ou Traité dans lequel on entreprend détablir que le luxe est un ressort non seulement utile, mais même indispensablement nécessaire à la prospérité des États* (1771). La obra lleva como lema las palabras de Voltaire en su *Mondain: Le superflu, chose très nécessaire.*

También en Inglaterra se consideraba que, aunque "pernicioso" y "vicioso", el lujo beneficiaba a la colectividad al fomentar la industria: "La prodigalidad es un vicio que perjudica al hombre, pero no al comercio." El propio David Hume concluye que "el lujo bueno" es beneficioso, y que "el lujo malo, aunque fuente de muchos males, es generalmente preferible a la pereza y la indolencia, que vendrían probablemente a sustituir al lujo si este desapareciera".[3] Bernard Mandeville, que en su *Fábula de las abejas* dará a esta concepción la forma de un sistema de filosofía social, dice del lujo: "ese extraño y ridículo vicio, se convirtió en la rueda que hace girar el comercio".

Muy reveladores son los capítulos dedicados a esta cuestión en el *Complete English Tradesman*, donde el honrado inconformista Defoe se ve abocado a hacer graciosos malabarismos: por un lado, abomina del lujo, por otro, admira a aquellos cuáqueros que comercian con vanidades suntuarias, alejándolas, sin embargo, de ellas. Pero como, en última instancia, es un defensor del comercio no acaba de condenar la vida de lujo, ya que entiende que el lujo aumenta la riqueza: "El extravagante orgullo de nuestra época alimenta el comercio y por consiguiente al pobre".

Los autores alemanes también han analizado la cuestión del lujo, reconociendo su importancia para el desarrollo del capitalismo. Así, Schröder: "Preferiría que el lujo fuese todavía mayor en el país, pues la suntuosidad del rico hace vivir a muchos obreros y pobres."

No deja de sorprender que los economistas de hoy que pretenden analizar los orígenes del capitalismo no tengan en cuenta todas estas sagaces observaciones. Mucho se ha escrito sobre el lujo, y mucho se ha teorizado sobre la importancia del mercado para la industria capitalista; pero nada se ha dicho sobre las relaciones entre el lujo y el mercado. Y no se ha dicho, porque el análisis se queda encerrado en una vía muerta. Una y otra vez, en efecto, el problema del lujo se ha estudiado con el fervor ético del buen burgués ahorrador, siempre con un enfoque moralizados Incluso los trabajos de Roscher, quizá lo mejor que se ha escrito en nuestro tiempo acerca del lujo, se basan, en definitiva, en consideraciones morales respecto a lo bueno y lo malo del lujo. Por otro lado, obras como la *Historia del lujo* de Baudrillart no son sino simples colecciones de datos.

Por lo que se refiere a la comprensión de la función del mercado en el desarrollo del capitalismo, los escritos de Marx han dado pie a una teoría muy desgraciada. Se considera que el capitalismo se vio favorecido por la ampliación de los mercados y, sobre todo, por el proceso colonial iniciado en el siglo XVI o, dicho con la teleológica terminología de la escuela histórica, que la extensión geográfica del mercado, los "mercados extranjeros", en definitiva, la "exportación", traía consigo la "necesidad" de la organización capitalista. Esta opinión ha sido reforzada considerablemente en la última generación por la teoría de Bücher, investigador notable y pensador realmente productivo. Según este, la economía artesanal produce para el cliente local que compra en el mercado local y la economía capitalista produce para clientes desconocidos ubicados en otros mercados, interlocales. Esta línea teórica, a la que se adhieren casi todos los historiadores de la economía, me parece una falacia, toda vez que, como he dicho, lleva la investigación a un callejón sin salida. El análisis de las causas que están detrás de la transición hacia el capitalismo, se viene planteando equivocadamente. La producción para un mercado local o para mercados lejanos no es, en modo alguno, lo que diferencia la economía artesana de la capitalista. El capitalismo es perfectamente compatible con producciones destinadas a una clientela cercana y reconocible, como, en el caso de la sastrería; por otro lado, mucho antes de que se convirtieran en empresas capitalistas, oficios florecientes vendieron durante siglos sus productos artesanos en amplios y remotos mercados.

Las consideraciones que siguen pretenden sacar la cuestión del *impasse* y llevarla hacia planteamientos que permitan análisis más proficuos. Estas consideraciones retoman el hilo de cuanto señalaron los pensadores del siglo XVIII: parten de la premisa de que el lujo contribuyó al inicial desarrollo del capitalismo. Para seguir el razonamiento, conviene tener presente lo siguiente:

El lujo ha contribuido de muchas maneras al desarrollo del capitalismo. Por ejemplo, desempeñó un papel esencial en la transferencia de riqueza desde la aristocracia a la burguesía, fundamentalmente a través del endeudamiento de la primera. Pero, más aún, el lujo contribuyó de modo efectivo a crear mercados, en un proceso que se explica como sigue: toda empresa capitalista necesita, para poder prosperar, un mínimo de ventas; el valor de esas ventas depende de dos circunstancias: el ritmo de venta y el valor de cambio de los bienes en circulación. El valor de cambio de los bienes en circulación está determinado a su vez por dos factores: por el valor de cambio de cada unidad de mercancía y por el volumen total de la mercancía vendida. El volumen mínimo de ventas se puede fijar, por tanto, bien mediante la venta de pocos bienes de alto precio, bien mediante la venta de muchos bienes de bajo precio: venta limitada o venta masiva. El valor/precio de un artículo aumenta de dos maneras: por acumulación o por refinamiento. El refinamiento puede, como hemos visto, adoptar múltiples formas. La acumulación se verifica en aquellos bienes que podemos denominar complejos o compuestos, como locomotoras, barcos u hospitales: son agregaciones de bienes comunes que, combinándose en una entidad nueva y mayor, aumentan considerablemente su valor. La venta de estos bienes es, en realidad, una venta masiva bajo la forma de una venta limitada.

En la historia de los pueblos europeos concurren la demanda de bienes necesarios y la demanda de bienes de lujo. Ambas tienen inicialmente proporciones modestas, de suerte que durante mucho tiempo pudieron ser satisfechas por la organización inmediata de los oficios, del campesinado o del sistema feudal. Por lo general, la demanda de bienes necesarios quedaba satisfecha con los recursos de la aldea, del feudo o de la ciudad, es decir, tanto la demanda como la oferta de estos bienes tenían una base económica local. La demanda de bienes refinados, cuando no era satisfecha por la producción o el comercio locales, era cubierta por artesanos que, desde antiguo, venían ya trabajando para un mercado interlocal o internacional.

Durante la Edad Media y en los siglos siguientes la demanda de bienes de necesidad fue prácticamente constante, por lo que no tuvieron incidencia en el desarrollo del capitalismo. Por otro lado, hasta el inicio del capitalismo la demanda de bienes de consumo por parte del grueso de la población, así como la demanda de bienes de producción (maquinaria, herramientas, etc.), era satisfecha por la producción local. Las causas de que así fuera son evidentes: como la población no aumentaba, ni había mucha concentración urbana, ni mejoraba la red de transporte, no podía generarse ninguna demanda masiva. Por otra parte, como las técnicas de producción y transporte apenas variaron, tampoco aumentaba la demanda de bienes compuestos por lo que no se formó un mercado para la producción capitalista.

Esto es así salvo por dos excepciones en las que sí se da, antes del pleno advenimiento del capitalismo, es decir, antes de finales del siglo XVIII, una venta masiva de bienes básicos y compuestos: 1. las colonias, que contribuyeron, sin duda, al desarrollo de mercados para la industria capitalista, y 2., más aún, los ejércitos modernos. Ya he expuesto más arriba la gran importancia de los contratos armamentísticos en la génesis del capitalismo. Aquí me interesa, sobre todo, el otro aspecto del problema, esto es, demostrar la importancia del desarrollo de la demanda de bienes de lujo en el nacimiento del capitalismo moderno.

Mi demostración seguirá la moda científica de hoy, es decir, que usaré el método histórico-empírico para desentrañar las relaciones entre dos fenómenos complejos: el lujo y el capitalismo. No se trata, claro está, de una tarea sencilla, y quizá este primer intento sea perfectible. Dado el método, compete a los futuros historiadores de la economía aportar los datos que avalen nuestra tesis.

La dificultad de la tarea se debe también al descuido con que se suele escribir sobre las cuestiones económicas. Se habla de "auge económico", de "incremento de la producción", de "extensión de los mercados", sin que se sepa claramente si se está hablando del sistema económico artesanal o del capitalismo, de modo que los textos económicos no suelen ser de gran utilidad y poco añaden a la bibliografía sobre la que baso mi presente investigación.

2. Lujo y comercio

1. El comercio al por mayor

Es probable que el tráfico de mercancías adoptara formas capitalistas antes que la producción de bienes. Tengo, sin embargo, motivos para dudar de que, durante la Edad Media, el comercio esté detrás del incremento de la riqueza de las grandes casas de comerciantes de las ciudades italianas, españolas, del sur de Francia y de Alemania. Son, a mi entender, otros los factores que han contribuido a distanciar estas pocas casas del grueso de los pequeños comerciantes. No excluyo, sin embargo, la posibilidad de que el comercio, por sí sólo, convirtiera esas casas en empresas capitalistas. Pero de ser así –y esto es lo que aquí nos interesa– se debió al comercio de artículos de lujo.

Durante la Edad Media, el comercio de cierto volumen (para el que se requiere una organización capitalista) se daba sólo en Italia. Era un comercio bien de exportación de productos italianos (o importación de las primeras materias necesarias para su fabricación) bien de importación y distribución de artículos orientales. Las importaciones italianas procedentes de los países septentrionales eran, sobre todo, de lana (para la industria florentina de lujo), peletería y telas nobles. El grueso de las exportaciones italianas debía, probablemente, pagarse al contado (con lo que producían las minas de plata alemanas). Italia, a su vez, enviaba a los países del Norte: sedas y artículos de sedería, paños finos, cristalería fina, algodón y artículos de algodón, que hasta muy entrada la Edad Moderna (como veremos) se consideran productos de lujo; vino y harinas. Todas las mercancías de Oriente que importaba y comercializaba satisfacían la demanda de bienes de lujo de las clases ricas, salvo por algunos artículos que gastaba la Iglesia, como el incienso, por ejemplo. La demanda de medicamentos extranjeros, durante la Edad Media y hasta poco antes de esta nuestra época humanitaria que anda preocupada por el bienestar de las masas, también puede considerarse demanda de lujo toda vez que el pueblo y los burgueses se curaban con las hierbas de los bosques y campos del país.

Lo que sigue es una lista de mercancías del comercio con Oriente elaborada por Wilhelm Heyd:[4]

1. *Medicamentos*, aplicados también como especias para la comida: áloe, madera de áloe (también se usaba como perfume o material para trabajos de carpintería fina), bálsamo, costo, galanga, nuez de agalla, jengibre, alcanfor, cardamomo, láudano, maná, ruibarbo, azafrán (aplicable igualmente como tinte), escamonea, goma, tragacanto (también tinte), tucia, zedvar.

2. *Especias*, sobre todo la pimienta, empleada, hasta muy entrada la Edad Moderna, como artículo de lujo y de uso exclusivo en la mesa de la clase

rica; los potentados se hacían mutuamente regalos de pimienta. El clavo tenía doble y triple valor que la pimienta. La nuez moscada, la canela, el azúcar constituyen, hasta el siglo XIX, verdaderas golosinas para ricos.

3. *Perfumes* y sustancias olorosas para quemar; benjuí, almáciga, almizcle, incienso, madera de sándalo, ámbar, con que se tallaban numerosos objetos.

4. *Tintes*: alumbre, madera brasileña, granza, índigo, kermes, laca, etc.; toda clase de sustancias para coloración fina, almácigas.

5. *Materias primas para la industria de tejidos*: seda y linos egipcios de clase superior.

6. *Artículos de adorno*: piedras preciosas, corales, perlas, marfil, porcelana, cristal, hilos de oro y plata.

7. *Telas para vestidos*: tejidos de seda, brocatel, terciopelo y de hilo finísimo de todas las clases, lana o algodón, como bacasino, bukeram, camelotte, iguales en apariencia a los tejidos de seda y de tanto precio como estos.

Estos productos llegaban procedentes de Oriente, y también salían de Italia hacia Oriente y hacia las ciudades europeas. Que todas estas mercancías eran de gran calidad queda reflejado en las recaudaciones aduaneras. Tenemos el ejemplo de la aduana de Como: según los cálculos de Schulte, el valor de las mercancías que pasaron por el paso de San Gotardo durante el siglo XV osciló entre 320.000 y 518.000 libras; 53 sueldos de una libra equivalían al florín de oro milanés. Toda esa mercancía pesaba, aproximadamente, 25.000 quintales, de modo que el valor de un quintal venía a ser de 50 florines, y el de una libra, medio florín (unos cuatro marcos de 1913).

A pesar de los descubrimientos del siglo XV, el tráfico comercial apenas cambia: el intercambio entre Oriente y Occidente, y entre América y Europa ha sido, hasta el siglo XIX, fundamentalmente de productos suntuarios de gran valor. Sólo aumenta el volumen, y se incorporan algunos productos nuevos: sobre todo, tabaco, café, té y cacao, que hasta finales de la primera época capitalista, serán de uso exclusivo de los pudientes, con excepción, quizá, del tabaco.

Las siguientes cifras dan una idea aproximada del aumento a lo largo de los últimos siglos del consumo de los más importantes artículos de lujo.

Té importado por la británica Compañía de las Indias orientales: en 1668, 100 libras; en 1710, 1.420 quintales; en 1731, 8.168 quintales; en 1761, 26.192; en 1784, 86.083. Suponiendo que la mitad se consumiera en Inglaterra, el consumo per cápita (tomando como base los datos de Finlaison sobre la población de Inglaterra: 5 millones en 1700; 6 millones en 1750 y 9.187.000 en 1800) sería, en 1700, de unas 0,01 libras; en 1730, de 0,08; en 1760, de 0,2 y en 1784, de 0,5. En 1906, se consumieron en el Reino Unido 270 millones de libras de té; esto representa, en números redondos, 6,5 libras por individuo, entre 30 y 35 por familia. Podemos aclarar todavía más la cuestión, haciendo la siguiente cuenta: las familias que podían hacer en los siglos pasados un consumo de té como el actual consumo medio, eran: en 1668, tres familias; en 1710, aproximadamente 2.000; en 1730, 12.000; en 1760, 40.000; en 1780, 140.000 familias. I

El consumo de café en Europa representaba, según Humboldt,[5] hacia el año 1800, aproximadamente 1.400.000 quintales. Según Beloch, la población de Europa en esa época era de unos 120 millones de habitantes, de donde resulta que a cada europeo le correspondía anualmente un consumo aproximado de una libra. El café ya empezaba, por tanto, a generalizarse. En 1910, cada alemán consumió aproximadamente seis libras de este artículo.

Respecto al azúcar (también según Humboldt), se consumían en Europa por aquella época 4.500.000 quintales, o sea de tres a cuatro libras por individuo; en 1910, en Alemania, el consumo medio anual fue de 38 libras por persona. En el siglo XVII el azúcar aún no era de uso común, como demuestra el importante consumo de miel en esa época. En los países ricos de Europa occidental, el azúcar deja de ser artículo de consumo de la clase rica, aproximadamente, a mediados del siglo XVIII; en el resto de Europa, esto ocurre ya en el siglo XIX.

Otro artículo de lujo importante en el comercio de los siglos XVII y XVIII, y que hoy usan las clases sociales más modestas, era la tela de algodón ya fuera la estampada procedente de la India u otras procedentes de Asia. A finales del siglo XVII se impuso entre los pudientes la moda de los algodones indios, para perjuicio de los productos europeos. Esto puso en peligro la continuidad de los fabricantes de tejidos finos y sederías, lo cual demuestra la exactitud de nuestra tesis: que las clases adineradas eran las principales compradoras. Lo mismo demuestran los esfuerzos de los gobiernos (el de Francia, por ejemplo) por limitar la importación de telas indias –avaladas por madame de Pompadour, y de obligada moda en tiempos de Trianon. Desde 1700 se prohibió su uso. Naturalmente, estas prohibiciones no sirvieron de nada; las damas elegantes siguieron vistiéndose con sus "indianas" cuando salían de París camino de sus fincas. Tenemos noticia de algunos episodios graciosos. La mujer del mariscal de Villars introducía de contrabando "indianas". La marquesa de Nesle se presentó el 17 de julio de 1715 en el jardín de las Tullerías con un "vestido bordado con flores de seda, confección de la India, en tela del mismo país". Los policías encargados de vigilar el cumplimiento de los edictos sobre vestimenta se quedaron estupefactos e indignados, y advirtieron al marqués para que reconviniera a su esposa.

Si examinamos los datos sobre importaciones ultramarinas durante los siglos XVII y XVIII en Europa, vemos que los países (como Francia Inglaterra u Holanda) importan lo mismo: 1. especias; 2. medicamentos; 3. tintes; 4. sedas y tejidos de seda; 5. algodón y tejidos de algodón; 6. piedras preciosas, porcelanas, etc., y 7. café, azúcar, tabaco, té y cacao. Los datos de un sólo país bastan como prueba: en 1776, la compañía francesa de las Indias Orientales importó: 3.248.000 francos de café; 2.449.000 de pimienta y canela; 12.000.000 de muselinas; 10.183.000 de telas indias; 200.000 francos de porcelana; 1.382.000 de seda; 3.339.000 de té; 3.380.000 de distintos artículos, como conchas o salitre. En total, 36.241.000 francos. El grueso de estas importaciones se pagaba con el dinero de las minas de oro y plata americanas o con productos del país, especialmente textiles. Entre estos figuraban seguramente partidas considerables de artículos de escaso valor que servían principalmente para vestido de los negros y malayos, así como de los europeos de la clase media que residían en las colonias, como en Norteamérica (donde estaba prohibida la producción de artículos manufacturados para su venta). Pero estas partidas eran de poca importancia, por lo que el comercio interoceánico era abrumadoramente de bienes de lujo para unos pocos adinerados que por sí solos sostenían este comercio. Si las mercancías traídas de Ultramar eran artículos de lujo, poco importa cómo se pagaban, ya que la existencia misma de este comercio se debe a la importación de esos artículos de lujo, ya que sin ese comercio las gentes de Ultramar no podrían comprar las mercancías europeas. (Sólo estaría la excepción de los países productores de metales preciosos. Según datos recopilados por Humboldt, en 1802, México importó de España por valor de 20.390.859 piastras, exportando mercancías por un valor tan sólo de 4.416.930 piastras, pagando el resto con plata.

Hay otra rama importante en el comercio ultramarino internacional, que, como es sabido, se desarrolló en forma casi exclusivamente capitalista. Me refiero al comercio de esclavos. El esclavo no puede considerarse, sin duda, como un artículo de lujo (¿o sí?), pero servía directamente a la producción de artículos de lujo. Disponemos de muchos datos, aunque no todos coinciden, sobre la magnitud de este comercio. Los más fiables son quizá los de Buxton.[6] Según él, cada año unos 400.000 negros de Africa eran víctimas de los traficantes cristianos de esclavos y unos 100.000 de los musulmanes. De los 400.000 apresados por los cristianos, perecían 280.000 en la captura, el traslado o en el primer año de cautividad; sólo quedaban vivos 120.000. Estas cifras no resultan exageradas si se tiene en cuenta la gran demanda que había a principios del siglo XIX. Los datos oficiales, dados a conocer en época reciente, las corroboran. Así, por ejemplo, sabemos que en las Antillas francesas entre 1780 y 1789 llegaron cada año entre 30.000 y 35.000 negros. Suponiendo que había entre 240.000 y 260.000 esclavos en esa época en las Antillas francesas, el incremento anual representaba entre un séptimo y un octavo del total.

Pero para los propósitos de nuestro estudio no importa tanto la exactitud de las cifras de este comercio como el hecho de que se traficó cada año con muchos miles de personas y que, a lo largo de todo el periodo, fueron millones los esclavos con los cuales –y esto es relevante para nuestro análisis– se generaron pingües beneficios.

Carecemos de datos fiables sobre el tráfico de esclavos durante la Edad Media, pero sabemos que era un tráfico bastante extendido, a tenor de las descripciones del comercio árabe y de algunos informes ocasionales –cuyas cifras, desde luego, parecen exageradas–: en 1310, en tiempo de paz, la flota siciliana cayó sobre la isla Gerba, en la costa de Túnez, haciendo esclavos a 12.000 mujeres y niños. En 1535, un almirante genovés, sin razón ni motivo, atacó y saqueó Trípoli, reduciendo a 7.000 hombres, mujeres y niños a la esclavitud.[7] Los judíos, los venecianos, los genoveses, los portugueses, los franceses y los ingleses son las naciones que, una tras otra, tuvieron mayor protagonismo en el tráfico de esclavos. Las cuatro últimas tuvieron, sucesivamente, en sus manos el monopolio del tráfico de esclavos en el siglo XVIII. En el año 1769 fueron sacados de la costa de Africa (desde Cabo Blanco hasta el río Congo) 53.100 negros por Inglaterra; 23.520, por Francia; 11.300, por Holanda; 6.300, por la América británica; 1.700, por Portugal, y 1.200, por Dinamarca. Según Bryand Edwards, existían en 1781, en la costa de Africa, cuarenta factorías europeas, de las cuales catorce eran inglesas; tres, francesas; quince, holandesas; cuatro, portuguesas, y cuatro, danesas; y que exportaron los siguientes esclavos: las británicas, 38.000; las francesas, 20.000; las portuguesas, 10.000; las holandesas, 4.000 y las danesas, 2.000.[8]

Durante todo el siglo XVIII, esto es, cuando el tráfico de esclavos llegó a su apogeo, Inglaterra era el centro de este comercio y, dentro de Inglaterra, Liverpool. De los 192 barcos negreros que salieron en 1771 de los puertos ingleses, 107 lo hicieron desde Liverpool; 58 desde Londres; 23 desde Bristol y 4 desde Lancaster. Debemos a Postlethwayt la lista con el número total de barcos negreros que pertenecían a comerciantes de Liverpool: eran 88, que podían cargar entre 60 y 550 esclavos, aunque la mayoría entre 300 y 400. Este tráfico se desarrolló muy rápidamente en Liverpool: si en 1729 sólo había un barco negrero, en 1751 había ya 35.

No cabe duda de que el comercio marítimo, sobre todo el colonial, fue en los siglos XVII y XVIII la base del desarrollo del capitalismo mercantil. En proporción, el comercio intraeuropeo y, más aún, el interlocal resultan insignificantes. Sin embargo, incluso en este último tipo de comercio fueron apareciendo algunas estructuras capitalistas, y es importante saber que el comercio intraeuropeo tenía también esencialmente por objeto mercancías de lujo. Sólo dos productos que no son de lujo, los cereales y el cobre, eran objeto de un comercio a gran escala realizado con métodos capitalistas. El comercio de estos dos artículos se sustentaba en las necesidades de los modernos ejércitos.

¿Qué mercancías se comerciaban dentro de Europa durante los siglos XVII y XVIII? De los muchos documentos disponibles, puede servir una lista elaborada en 1658 por la Cámara de Comercio de París con las mercancías que salieron de Francia camino de Holanda. Una lista que, según el competente autor del *Batavia Illustrata*,[9] seguía siendo en muchos puntos exacta medio siglo después, si bien, como veremos, durante ese intervalo se desarrolló en Holanda una industria suntuaria de carácter nacional. Podemos considerar como típico en la historia del capitalismo el que todos los países, uno tras otro, acaben fabricando los artículos que antes importaban desde los países con mayor progreso capitalista. Primero fue Italia la nación directora en la industria; luego Francia, luego Inglaterra, Holanda, Alemania, etc.

He aquí la lista de la Cámara de Comercio de París: Francia exportó en 1658 hacia Holanda, no sólo para el consumo de este país, sino también para reexpedición a otros países:

1. Terciopelos, felpas, peluches, satenes, tejidos de oro y plata, tafiletes y otros tejidos de plata de Tours y Lyon, por más de 6.000.000 francos
2. Cintas, galones de seda y de otras clases, botones, cordones hechos en París, Ruan y otras ciudades próximas: 2.000.000
3. Sombreros de seda y de otras clases: 1.500.000
4. Plumas, cinturones, sombrillas, disfraces, artículos de tocador, espejos, marcos dorados, relojes v otros mil artículos que los franceses denominan *bijoux*: 2.000.000
5. Guantes, fabricación de París, Clermont, Vendôme y Ruan: 1.500.000
6. Hilatura de lana, fabricación de Picardía: 500.000
7. Artículos de quincalla en hierro y acero: 500.000

8. Papel de todas clases, fabricación de Poitou, Champagne, Limousin, Auvergne y Normandía: 2.000.000

9. Agujas de coser y de otras clases, peines de marfil, ébano, boj y cuerno, fabricación de París y Normandía: 500.000

10. Telas para las velas de los barcos, fabricación de Normandía y Bretaña, más de 5.000.000

11. Muebles para habitaciones particulares (de todas clases), camas, colchones, edredones, artículos accesorios, más de 5.000.000

12. Vinos de las más distintas procedencias, más de 9.000.000

13. Licores, vinagres, sidras, etc., más de 2.000.000

14. Azafrán, jabón, miel, almendras, aceitunas, alcaparras, ciruelas y frutas variadas : 2.000.000

Total: 39.500.000

Todos estos artículos pueden considerarse de lujo, salvo el 10 y, quizá, el 13, pues los licores y sidras se destinaban, probablemente, a la gente del mar y a los soldados. Según estimaciones de Moreau de Jonnés, la mitad de las importaciones realizadas por Francia en tiempos de Luis XIV procedían de Italia, Inglaterra y Holanda y eran fundamentalmente sedas, paños finos, tapicería, batistas, encajes, cuchillería fina y objetos de mercería.

2. El comercio al por menor

La influencia del lujo fue aún más profunda y persistente sobre el pequeño comercio. Si en los inicios del capitalismo había dos importantes sectores del comercio al por mayor que no traficaban con artículos de lujo (el cobre en el siglo XVI y los cereales en el XVIII), no creo que haya antes del siglo XIX un solo caso de comercio al por menor que revista formas capitalistas que no comerciara con artículos suntuarios. En torno a 1700, –en los decenios en que se dispara el afán de lujo entre los pudientes, cuando el oro de Brasil rebosa en los bolsillos de los espaciadores de París, Amsterdam o Londres–, se observa que el deseo de atender la demanda de bienes de lujo, obligó a los comerciantes a dejar atrás las rutinas del comercio artesanal para adentrarse en las vías del comercio capitalista.

Acaso no haya mejor prueba de la relación causal entre desarrollo del lujo y el comercio al por menor de tipo capitalista que lo que Defoe dejó escrito en su *Complete English Tradesman* sobre el comercio de la seda desde la Restauración hasta 1730. El comerciante en sedas (*mercer=mercier*) es, sin duda, el genuino representante del comercio suntuario en aquella época de petulante riqueza. La lady ejerce en estos terrenos todo su dominio: ella dicta la demanda; ella compra los artículos más costosos (el comercio en sedas incluye los tejidos en oro y plata, los brocateles, los terciopelos o los encajes). El comerciante en sedas del viejo estilo, el de los tiempos de los primeros Estuardos, vendía tanto al por menor como al por mayor, compraba tela a los fabricantes y la vendía también por varas a la clientela. Eso mismo habían venido haciendo incluso los más grandes comerciantes. Los Fugger, en el cenit de su poderío y riqueza, despachaban sedas y terciopelos al por menor, aunque sólo vendieran a las casas reales, ya fuera "paño de oro" a 36 florines la vara, damasco florentino o milanés, a 8 y 10 florines la vara, o terciopelo de seda a cuatro florines la vara. ¡De todas maneras, los Fugger eran comerciantes regios, que traficaban con cobre y con emperadores! Los señores Arnold y Friedlander no venderían hoy un par de metros de cinta ni al mismísimo emperador.

En el Londres del gran incendio y aún veinte años después, los comerciantes sederos estaban establecidos en la City, en la estrecha y oscura Paternoster *row*, donde tenían sus abovedados almacenes desde los tiempos de los Plantagenet. Allí tenían sus mercancías en "cantidades prodigiosas" y las vendían como se habían venido vendiendo desde antiguo. La clientela más selecta, empezando por la cortesana, iba hasta Paternoster *row*. Los carruajes formaban dos filas, una de entrada y otra de salida, ya que la estrechez de la calle no permitía girar, y los mismos comerciantes habían puesto dos agentes para ordenar el tráfico. Había unos 50 almacenes, donde estaban los grandes comerciantes. Los demás edificios eran satélites de este orgulloso comercio: vendedores de lazos en el centro de Ivy *lane*, tiendas de botones al final de la calle, cerca de Cheapside, tiendas de hilados y de franjas y galones en las proximidades de Blowbladder *street*. "Las tiendas espaciosas, con sus almacenes traseros, sus lámparas cenitales y otras comodidades, aún estaban por llegar", dice Defoe en la quinta edición, 1745, de su *Complete English Tradesman*.

La situación cambió radicalmente cuando llegó el "tiempo del buen humor" (Defoe no da una fecha exacta, sólo apunta a que fue "unos veinte años después del incendio...", ocurrido en 1666; por tanto, el período alegre sería la época de Carlos II). Entonces, aumentó considerablemente el número de sederos al por menor y, siendo demasiado estrecha la Paternoster *row*, empezaron a abrir tiendas fuera de la City, en Aldgate, Lombard-Street, Covent-Garden –barrios donde las calles eran anchas– y que de inmediato recibieron el favor de la clientela distinguida –que viajaba en carruaje. La Paternoster *row* se fue quedando desierta, y en poco más de dos años los antiguos sederos se vieron obligados a abandonar sus bóvedas y seguir a la clientela, "los pescadores siguieron a los peces". (Estos sederos, que revolucionaron el comercio de sedas, ¿no serían judíos llegados a Londres con la mujer de Carlos II o con los Orange? Casi me atrevo a asegurarlo.) Pasados otros diez años, los sederos abandonaron Covent-Garden y, como enjambre de abejas, salieron en busca de un nuevo lugar de asiento, que encontraron en Ludgatehill. Si en 1663 había unos 50 o 60 establecimientos de sedas, acabaron siendo 300 o 400.

Pero no sólo estos comerciantes abandonaron los barrios en que habían residido durante siglos. Lo mismo harán muchos comerciantes de otros ramos, así como otros oficios. No pocos, como los comerciantes de lencería (otro artículo suntuario), aumentaron de "modo monstruoso". Por entonces, la ropa fina interior era –como hemos visto– un artículo de lujo para el hombre rico y su amada.

En definitiva, Defoe relata cómo las tiendas artículos de lujo aumentan en poco tiempo, a causa de la creciente demanda, y abandonan sus antiguos asentamientos. Así quedó abierta la puerta por donde el espíritu mercantil moderno entraría en las tiendas del comercio al por menor. La transformación de los comercios medievales al detalle en empresas capitalistas era ya sólo cuestión de tiempo. Con estos cambios, es decir, crecimiento sostenido y cambio de ubicación, el mercado al por menor entró en otra dinámica económica: aumentó la competencia y hubo que inventar nuevos métodos para atraer a la clientela; empezaba el espíritu capitalista. Este afán competitivo se fue extendiendo, en el transcurso del siglo siguiente, a todo el comercio suntuario de las grandes ciudades (y sólo en éstas). Así queda reflejado en los escasos datos que, sobre la organización del comercio al detalle en aquella época, nos han llegado.

Lo que pasó en el siglo siguiente, después de que los antiguos sederos abandonaran la Paternoster *row*, fue lo siguiente:

1. Se separó el comercio al por mayor del comercio al por menor; de los mencionados 300 o 400 sederos, sólo unos pocos siguieron siendo mayoristas.

2. Los comerciantes empezaron a decorar sus establecimientos con mayor elegancia, a fin de atraer y hacer agradable la estancia en sus tiendas a la clientela más refinada. Está demostrado que los primeros en cuidar el aspecto de sus tiendas fueron los *Toymen*, es decir, los vendedores de artículos galantes del más refinado gusto: caprichos, frivolidades para amoríos, galanteos, etc. El lujo de la época culmina en estos *toys*. Los franceses denominan estas nonadas costosas *bijoux*, que no son sólo adornos, sino también *colifichets*, bagatelas, ricamente trabajadas, con metales preciosos. En estas tiendas se congregaba la sociedad elegante, sobre todo los grandes señores que compraban regalos para sus amantes. Ahí adquirían los *bijoux frivoles* "que se dan a las mujeres honradas que no admiten dinero, pero sí *colifichets* de oro porque tienen un aire de decencia" –dice Mercier en su descripción del *Petit Dunkerque*, la tienda de lujo a la moda en su época y a la que acudían, sobre todo los primeros días del año, los *petits seigneurs* en tal número que había que contenerlos. "No hay espectáculo más brillante que el que ofrece esta tienda", visitada por Voltaire un su última estancia en París. "Voltaire, añade Mercier, sonrió ante todas estas creaciones del lujo y, según creo, notó cierta analogía entre estas brillantes joyas y su propio estilo."

3. La forma moderna del comercio al por menor, en la que se reúnen mercancías de una misma categoría de uso, va sustituyendo al comercio especializado en un solo producto. El *toyman*, el *marchand bijoutier*, ya entra en esta nueva dinámica, al ofrecer todo tipo de adornos femeninos. El sedero irá ampliando su oferta incluyendo otras telas, vestidos y "adornos para el bello sexo". Pero las primeras tiendas que reúnen artículos para una finalidad determinada son las de muebles, que venden todo lo necesario para decorar una casa. Parece que fueron los tapiceros los que transformaron sus almacenes en tiendas con toda clase de muebles, vendiendo mesas, cómodas, *tous les ouvrages d'ébénisterie*, espejos, candelabros, etc., además de las camas, colchones, colgaduras, tapicería que venían produciendo ellos mismos. Había también comerciantes que sin producir esos objetos los reunían en una misma tienda: cuadros, grabados, candelabros, arañas, figuras de bronce, mármoles, relojes de pared y de bolsillo, gabinetes, armarios, mesas, veladores, sillones de madera y dorados, mesas de mármol –*marchandises et curiosités propres pour l'ornament des appartements.*

También en Londres existían esas tiendas: son los *cabinetmakers* que venden toda clase de muebles, no todos fabricados por ellos. Algunas de estas tiendas "parecen palacios, con piezas de gran valor". También había, como en París, tiendas de muebles regentadas por tapiceros.

4. La despersonalización de la relación entre el comerciante y el cliente –típica del desarrollo capitalista– empieza en estas grandes tiendas de artículos de lujo. El *Petit Dunkerque* es, hasta donde sé, el primer establecimiento que vende "a precio fijo".

5. El último punto y el más importante es que, con la aplicación de los anteriores principios, el volumen de negocio aumentó. Sabemos que las tiendas de seda facturaban en esa época grandes sumas. *Galpin*, una tienda de París, vendió en un solo día por valor de 80.000 francos. El *Complete English Tradesman* de 1727 menciona un sedero "que tenía numerosos dependientes y viajantes", y a otro que en un año realizó ventas por valor

de libras 40.000. El capital que se necesitaba para abrir un comercio de sedas a mediados del siglo XVIII era, según unos, de 500 a 2.000 libras; según otros, de 1.000 a 10.000.

Estos datos se encuentran en dos libros, que constituyen fuentes valiosísimas para conocer el grado de concentración del capital en las distintas ramas del comercio al detalle en Londres a mediados del siglo XVIII.[10] Estos libros reseñan por orden alfabético todas las ramas del comercio y una indicación del capital mínimo necesario para abrir una tienda. Estos datos confirman nuestra tesis de que las tiendas de artículos de lujo son las que exigen mayor inversión: libreros, 500-5.000 libras; tiendas de *chinoiseries*, 500-2.000; droguerías, 500-2.000; artículos de mercería (borlas, trencillas, etc.), 500-2.000; medias, tejidos de punto en seda, 500-5.000; floristerías, 500-4.000; *toyman*, 2.000. Las únicas tiendas que no vendieran artículos de lujo (aunque dependieran también en gran medida de la demanda de los pudientes) pero requirieran una inversión superior a 500 libras eran las de carbón, hierro y madera. La extraordinaria importancia del comercio de lujo queda claramente demostrada también por el hecho de que las sociedades mercantiles sólo se formaban en los sectores de la comercialización de la seda, la lencería y la orfebrería. Así pues, como consecuencia del aumento de la demanda de bienes de lujo, el capitalismo se va desarrollando (casi exclusivamente, en un primer momento) en el comercio al por menor. Las causas son evidentes y están implícitas en lo expuesto hasta aquí, pero las reitero expresamente:

1. La naturaleza de las mercancías exige una organización capitalista. Estas mercancías son las de más valor y las primeras que alcanzan un importante volumen de ventas.

2. La naturaleza de la clientela fomenta este desarrollo capitalista. Es una clientela que reclama elegancia y facilidad de compra, y, además (y esta es una razón muy tenida en cuenta en esos tiempos, a tenor de los consejos que circulaban) esta clientela no paga nunca al contado o no paga, lo que obliga al comerciante a poder disponer de financiación, es decir, a recurrir al crédito.

3. Lujo y agricultura

1. En Europa

El capitalismo también recibió un empuje directo de la agricultura, cuando como consecuencia de la creciente demanda de lana, muchos campos antes labrados se convierten en pastos para la cabaña de oveja lanera. Esto ocurrió ya durante la Edad Media, y posteriormente se intensificaría, sobre todo, en el sur Italia, en España y en Inglaterra. En este último país, la expansión de la economía ganadera a costa de la agricultura fue tal en tiempos de los Tudor que Tomás Moro llegó a decir "que las ovejas devoran a los hombres".

Creo que se ha exagerado la cuantía de los campos "vallados" (*enclosures*), es decir, dedicados al pasto, pero no cabe duda de que sí se fue difundiendo la explotación capitalista de la tierra. Este proceso incide sobre la génesis del moderno capitalismo de dos maneras: por un lado, crea formas de organización capitalista y, por otro, estimula la formación de la industria capitalista, al reducir el tamaño de las tierras de labranza y aumentar su productividad.

Todo este proceso debe achacarse a la creciente demanda de bienes de lujo, ya que, como veremos, la lana producida en las nuevas explotaciones ganaderas iba destinada a la fabricación –en Flandes, Brabante o Florencia– de tejidos finos para el consumo de los ricos.

La influencia del lujo en la agricultura también trajo consigo una mejora en la producción, lo que permitió aumentar los beneficios y, por tanto, el valor de la tierra. Aunque este proceso no genere por sí solo explotaciones capitalistas, sí impregna a la agricultura, al acabar con sus viejas formas feudales, de espíritu capitalista –favoreciendo indirectamente el desarrollo general del capitalismo, como he demostrado en mi obra *El capitalismo moderno*.

La mayoría de las transformaciones técnicas y económicas de la agricultura europea han sido suscitadas, hasta ya entrado el siglo XIX, por la creciente demanda de lujo de las clases pudientes. La demanda masiva, como la de cereales, no tuvo tanta influencia sobre la agricultura como el lujo. La demanda masiva sólo alcanzó proporciones revolucionarias en un caso: el del abastecimiento de los ejércitos, a partir del siglo XVI. De no ser por esta demanda extraordinaria, la producción cerealista podría haber atendido las necesidades de las ciudades en crecimiento sin cambiar las formas feudales de la agricultura. A quien sostenga que el gran consumo cerealista de las capitales como Londres, París, Amsterdam, Milán o Venecia es el que ha intensificado la agricultura, yo replicaría que todas estas grandes capitales son hijas exclusivas del lujo.

Como consecuencia del rápido desarrollo de las ciudades italianas, al acabar la Edad Media, la agricultura adquirió en Italia un carácter moderno. "La abundancia de capitales permitió dar amplio desarrollo a las obras de riego, bonificar nuevas tierras, y demás mejoras. La riqueza que beneficiaba a todas las clases permitió aumentar y mejorar la producción agraria. La prosperidad de las industrias textiles permitió extender considerablemente el cultivo de varias plantas de uso industrial..." En estos términos resume sus estudios uno de los tratadistas más versados en la historia de la agricultura italiana.[11] Que el espíritu capitalista animaba los campos y viñedos de la Italia de entonces se desprende también del estudio de las normas municipales que, en lo referido al ámbito rural, siempre protegían a los propietarios: defendiéndoles de las malas artes y morosidad de arrendatarios y colonos, constituyendo un cuerpo de guardas rurales (*saltari*), castigando hurtos, rapiñas, etc.

La situación de Italia se da también durante la Edad Media en la agricultura de Bélgica, y puntualmente en la de Alemania, Francia e Inglaterra. Pero al no ser aún en estos países muy intenso el crecimiento urbano, la influencia de las ciudades no pudo provocar ya en la Edad Media un cambio de las circunstancias agrarias.

En España, por el contrario, el capitalismo agrario floreció sólo en el siglo XVI, como consecuencia del rápido y extraordinario aumento de la demanda procedente de América y de los enriquecidos comerciantes y negociantes de las ciudades españolas. La viticultura adquirió grandes proporciones en el Sur. Sevilla y Cádiz exportaban a América 140.000 quintales de vino. "En esta época, los grandes comerciantes sevillanos pensaron aumentar el brillante vuelo de sus negocios, dedicándose ellos mismos a los artículos más solicitados. Y como tenían grandes capitales bastó que quisieran para que, como por arte de encantamiento, surgieran en el valle del Guadalquivir, hasta Sierra Morena, campos ondulantes de trigo, fecundos huertos de frutas, olivares, viñedos, cuya producción constituía la carga de barcos enteros".[12] En el siglo XVI, las Cortes, lamentando que la viticultura, por ser más rentable, perjudicaba el cultivo de trigo, propusieron limitar la expansión de los viñedos.

En Inglaterra, durante el siglo XVII, y más aún el XVIII, la relación entre la "mejora de la agricultura" y la demanda creciente de lujo es muy clara. Puede decirse que lo que revolucionó la agricultura fue la creciente importancia de Londres como centro de consumo de artículos suntuarios. El hecho de que los comienzos de la agricultura racional moderna se den en Inglaterra se debe a la posición particular de Londres –muy parecida a la antigua Roma que describió Columela.

Refieriéndose a la Inglaterra rural a finales del siglo XVIII, escritores como Arthur Young,[13] los continuadores de Defoe (la octava edición de su obra se publicó en 1778) o Eden,[14] dan a entender que la transformación de la agricultura inglesa se debió exclusivamente a Londres. Y en los informes de los Condados, solicitados a finales del siglo XVIII por el *Board of Trade*, se describe Londres como el sol central que irradia su luz a las provincias. Donde produce para Londres, la agricultura progresa. En torno a la ciudad se forman como círculos concéntricos que sacan más provecho a mayor cercanía: los condados de Essex ("todo el campo parece un jardín"), Sussex, Kent, Surrey, Herfort, Norfolk, Suffolk, son los más beneficiados. Y si un viajero encontraba comarcas alejadas de la capital con una intensa agricultura se maravillara de que así fuera "estando tan lejos Londres", y, en cambio, se indignaba si en algún lugar próximo a la capital los labradores no aprovechaban su ventajosa situación y seguían con los viejos métodos de la agricultura extensiva.[15]

Los precios de la mayoría de los productos agrícolas aumentaban a medida que uno se iba acercando a Londres. Los provincianos achacaban esto a las carreteras, que eran radiales y convergían en Londres. También se quejaban de que los londinenses acaparaban los mejores alimentos y les dejaban los restos.

Si nos preguntamos cómo pudo Londres determinar de tal manera los precios de los productos agrícolas y, por extensión, los métodos de explotación agraria, la respuesta no puede ser el aumento de la población. En efecto, en el siglo XVIII la población de Londres no era, en definitiva, muy grande. A tenor de los cálculos de Petty y King, la ciudad tenía, a finales del XVII, unos 700.000 habitantes; cien años más tarde tenía casi la misma población, y a principios del siglo XIX, en el año 1801, 864.845 habitantes.

La causa principal del aumento considerable en la demanda de productos agrícolas está en el refinamiento que alcanzó el gusto de las clases pudientes. Si examinamos las cotizaciones de los distintos productos agrícolas durante el siglo XVIII, llegamos a la misma conclusión. Analizando la evolución de los precios en ese siglo, se observa que el precio de los cereales apenas varió, mientras que el resto de productos, especialmente la carne, sí aumentaron de precio. Los datos que poseemos sobre consumo confirman por completo esta hipótesis. Sobre todo, el consumo de carne en Londres no sólo debió de ser muy considerable durante el siglo XVIII, sino que debió de experimentar un notable aumento. Aunque las cifras que da Edén no parecen correctas –según ellas, a fines del siglo, el consumo de carne (sin contar el cerdo y la ternera) era de 90 libras per capita, es decir, una proporción que no se encuentra hoy en ninguna gran ciudad, no cabe duda de que el consumo de carne era importante. Así lo refleja el famoso mercado de ganado de Smithfield, que se celebraba dos veces por semana y era el más grande del mundo; o el no menos famoso mercado de carnes de Leaden Hall, donde, según cierto embajador español, la carne que se despachaba en un mes hubiera abastecido a toda España durante un año. A mediados del siglo XVIII había en Londres "grandes mercados de carnes", que vendían también aves y caza, "además de muchos carniceros ambulantes" para las familias que vivían lejos de un mercado.

También revelan el gran consumo de carne, los datos disponibles sobre la extensa y, en algunos aspectos, muy desarrollada ganadería inglesa del siglo XVIII. Unos datos que coinciden en indicar que la apertura de nuevas tierras de pasto favoreció el desarrollo agrario en Kent, Norfolk, Essex o Somersetshire. En muchos casos ya se había verificado una especialización dentro de la ganadería; sobre todo, como es natural, entre la cría de ovejas y la de vacunos, pero también se distinguían los métodos, de suerte que tierras montañosas, como Devonshire, fueron destinadas a la cría, mientras que las llanuras fértiles, como Somersetshire, se dedicaron al engorde del ganado.

El rápido progreso en la ganadería queda reflejado en el sorprendente aumento del peso medio de cada cabeza. He aquí algunas cifras, en libras, relativas al mercado de Smithfield:

	Bueyes	Terneras	Ovejas	Corderos
En 1710	370	50	28	18
En 1795	800	148	80	50

La misma tendencia hacia la especialización, que nos permite inferir tanto un mayor refinamiento en el consumo como una técnica más perfecta en la producción agrícola, se observa en los demás productos de la agricultura. Las descripciones de Daniel Defoe de las campiñas inglesas recuerdan las de los campos de la antigua Roma. Se mencionan comarcas especializadas en bebidas de grano (cebada o malta), mientras otras producen el necesario lúpulo. En unos lugares se cultiva principalmente avena, en otros, patata. Las aves más apreciadas proceden de la región de Dorking en Surrey; el queso más sabroso, de Oxfordshire y Gloucestershire; el mejor tocino, de Wiltshire y Hamshire; las mejores maderas, de los territorios a orillas del Támesis; y junto a Londres, las más bellas flores y las mejores huertas, que se extendían hasta Gravesend, famosa por sus espárragos.

2. En las colonias
El aumento de la demanda de bienes de lujo tuvo un efecto muy distinto sobre la agricultura de las colonias: fue directamente responsable de la creación de empresas capitalistas de gran tamaño, tal vez las primeras en su clase.

Como ya hemos visto al analizar el comercio de ultramar, las colonias se dedicaban a la producción de artículos de gran lujo: azúcar, cacao, algodón (un bien de lujo hasta mediados del siglo XVIII) y café, en las colonias americanas, y especias en las indias orientales. Omito el tabaco por no ser realmente un artículo suntuario, ya que su consumo se extendía a todas las capas sociales (salvo, claro está, el tabaco de clase superior). "En las colonias solo se trabaja para el comercio de bienes lujo", dice un escritor a comienzos del siglo XVIII.[16]

Si obviamos las colonias holandesas, donde el cultivo de las especias se hacía con trabajo forzado de los nativos, el resto de colonias producían los mencionados bienes en grandes plantaciones regidas por principios capitalistas. Se ha dicho, quizá con razón, que fue en las colonias donde primero aparecieron las formas puramente capitalistas, pero se trata de un capitalismo en sentido amplio que incluiría la organización basada en el trabajo esclavo. Como es sabido todo el entramado económico de las colonias europeas se basaba en la mano de obra esclava, pero también es cierto que ya se daban los requisitos de la empresa capitalista: el afán de lucro, la racionalidad económica, la economía de escala, la diferenciación entre productor y trabajador. Como señala Knapp, la emergencia de una clase de obreros manuales, que no son nada más que obreros manuales, aparece con la esclavitud negra, "con toda su desnudez y negrura".

Durante la Edad Media, las plantaciones de las ciudades italianas en sus colonias del mar Egeo ya tenían un carácter capitalista. En las fértiles islas de Creta, Quios o Chipre se producía vino, algodón, índigo, higos, aceitunas, resina de láudano, coloquíntida, etc., y, sobre todo, azúcar. En Limisso, por ejemplo, la familia patricia de los Cornaro poseía grandes plantaciones de azúcar, que Ghistele llamaba el almacén de toda Chipre. El italiano Casola, en 1494, cuando visitó esta comarca, vio que trabajaban ahí más de 400 personas. En las colonias americanas, todas estas circunstancias se dieron con proporciones gigantescas, más aún cuando, después del breve episodio de la esclavitud indígena, llegó la esclavitud africana.

Cairnes,[17] destacado tratadista de la cuestión de la esclavitud, ha explicado porqué la esclavitud de los negros ha ido unida a formas de producción a gran escala, en un sistema que se dio uniformemente en las colonias inglesas de las Indias occidentales, en Cuba, en Brasil o en los Estados sureños de Norteamérica. Henry Clay ha explicado cómo los grandes propietarios agrícolas fueron comprando a sus convecinos más pobres todas las tierras, aumentando sus plantaciones y el número de sus esclavos. A diferencia de los pequeños propietarios, los grandes sí podían subsistir con pequeños beneficios y dejando en barbecho parte de sus campos.

Los datos que tenemos acerca de algunas plantaciones lo confirman. Según Labat, una plantación en las Antillas francesas fue valorada hacia el año 1700 entre 350.000 y 400.000 francos. Humboldt describe una plantación de azúcar de 650 hectáreas, con 300 esclavos, valorada en dos millones de francos. Otra plantación, con 200 esclavos, es valorada en 35.000 libras esterlinas. En 1791, había en Haití 792 plantaciones, de las cuales 341 tenían un valor medio de 180.000 francos y las 451 restantes de 230.000. Estas explotaciones exportaban anualmente un mínimo de 750.000 quintales de azúcar por valor de más de cien millones de francos. Toda la isla estaba en manos de unos pocos propietarios, conocidos como les *gros habitants*.

Para tener una idea de la extensión del sistema de las plantaciones, basta determinar la cantidad de esclavos que trabajaban en ellas. Disponemos de estadísticas bastante precisas, al menos para el siglo XIX y parte del XVIII. El uso de mano de obra esclava alcanzó su punto máximo poco antes de la abolición de la esclavitud, cuando no todas las plantaciones se dedicaban ya a la producción de bienes de lujo y cuando los esclavos del algodón habían dejado las plantaciones por la producción textil para el mercado europeo. En las posesiones inglesas de las Indias occidentales había, en 1778, 663.899 esclavos negros. Estos son algunos datos (la segunda cifra corresponde al nivel más alto alcanzado en cada colonia): Martinica: 1700, 14.566; 1831, 86.299. Guadalupe: 1700, 6.725; 1831, 199.039. Guayana francesa: 1695, 1.047; 1831, 19.102. Jamaica: 1658, 1.400; 1817, 343.145. Barbados: 1722, 69.870; 1829, 81.500. Antigua: 1774, 37.808 (apogeo). Cuba: 1774, 44.333; 1827, 286.942. Puerto Rico: 1778, 6.530; 1836, 41.818. En 1830, entre todos los países, había 6.822.759 esclavos.

El que las damiselas de París y Londres pudieran movilizar todo este ejército de esclavos para satisfacer sus caprichos, no deja de ser llamativo.

4. Lujo e industria

1. La relevancia de las industrias del lujo

En la esfera de la producción industria es donde mejor se percibe la influencia del lujo; aquí la relación entre el lujo y el desarrollo del capitalismo es clarísima. Aunque basta una simple observación para concluir que muchas industrias surgieron para satisfacer la demanda de bienes de lujo, y que muchas industrias pueden, por tanto, calificarse como "industrias de lujo", conviene, no obstante, precisar el concepto.

Se considera aquí "industrias de lujo" todas las que fabrican artículos de lujo: costosos vestidos, muebles elegantes, joyas, etc. Pero, ¿cómo definimos *artículo de lujo*? Sin duda, todos los que acabamos de nombrar, los cuales tienen de común el satisfacer inmediatamente una necesidad suntuaria: el ser bienes acabados hechos con esa finalidad, un bien de consumo de inmediato. Así, pues, las industrias que producen estos artículos pueden calificarse como *industrias de lujo*. Pero una fábrica de brocatel o de terciopelo, ¿es una industria de lujo? No fabrica artículos acabados, sino un bien intermedio, el tejido para los trajes, esto es, un bien de consumo mediado, un bien de segundo orden.

Pero si una fábrica de tejidos de seda sí es una industria de lujo (decir lo contrario sería atentar al sentido de las palabras, separar lo que está unido), ¿no lo será también la fábrica de hilados de seda, que proporciona la materia prima para los tejidos de seda, esto es, un bien que podemos llamar de tercer orden? Pero entonces, ¿también será de lujo el telar que fabrica el tejido de seda y deberemos llamar industria de lujo a la fabricación de telares? O, al tratarse de bienes de producción, ¿ya no se puede hablar de industria de lujo? Una serrería que corta la madera con la que se hacen muebles artísticos, es decir, que produce un bien de segundo orden, ¿puede considerarse industria de lujo? Yo diría que no. No creo que pueda llamarse industria de lujo la fundición que produjo las tuberías para las fuentes de Versalles, aunque fueran las tuberías necesarias para crear tan lujosas fuentes.

Sin duda existe una relación entre estas industrias y la de lujo. Relación que, para apreciar en toda su extensión el fenómeno cultural del lujo, ha de tenerse en cuenta, ya que son industrias que, aunque alejadas del producto final, no existirían sin el lujo. Muchas de las primeras industrias capitalistas surgieron para atender, indirectamente, la demanda de lujo. A veces, de manera muy indirecta. Así, cuando la industria del cristal y otras agotaron la leña y tuvieron que dar con otro combustible, el carbón fue cada vez más solicitado, también por las grandes ciudades nacidas del lujo, dando lugar a una de las industrias más importantes del inicio del capitalismo: la industria carbonera de Newcastle.

Pero al hablar de la transformación industrial provocada por la demanda de lujo no me refiero a las industrias indirectas –que podríamos llamar "industrias mediatas del lujo"– sino a la industria de lujo *strictu sensu* que, a mi entender, forma una categoría específica. Pero, sin duda, no es posible limitar el concepto de industria inmediata de lujo a aquellas industrias que producen bienes de lujo de primer orden, pues tendríamos que excluir algunas fabricaciones, por ejemplo, la de brocatel o la de cintas de oro, consideradas por todos como industrias de lujo. Yo creo que lo que caracteriza esencialmente la industria de lujo es la naturaleza específica del objeto producido. El que este objeto sea de alto valor es lo que determina si la industria que lo produce es de lujo o no. Por esta razón, una hilatura de seda será industria de lujo, aunque produzca un bien de tercer orden, y una fábrica de tablones de madera no lo será, aunque produzca un objeto de lujo de segundo orden. Si las industrias que producen artículos de escaso valor específico acaban adquiriendo un carácter capitalista es en virtud de su gran volumen de ventas, volumen que sin duda se debe a la demanda de bienes de lujo. Nos centramos, por tanto, en las industrias propiamente de lujo, sin olvidar la extraordinaria relevancia que el lujo tuvo en la constitución de todo el sistema económico capitalista.

No podremos, desgraciadamente, nunca tener una visión cuantitativa de esta relevancia, ni determinar con cifras la participación del lujo en el paso de la producción industrial a la organización capitalista. Ni siquiera hoy podríamos hacerlo, a pesar de nuestras minuciosas estadísticas, ya que tampoco ahora las categorías de las industrias de lujo están claramente delimitadas en las determinaciones estadísticas. Estas se pueden referir, por ejemplo, a los "tejidos" pero no distinguen entre tejidos de clase finísima y telas comunes, de modo que aunque dispongamos de datos sobre numerosas industrias, no podemos determinar la producción específicamente de lujo de cada una de ellas. Para algunas industrias estrictamente de lujo, como la fabricación de gobelinos, franjas o galones de oro, orfebrería, etc., sí disponemos de datos pero no así para aquellas que producen tanto bienes comunes como bienes de lujo y que podemos llamar "industrias mixtas", en oposición a las "puras". Ni siquiera hoy en día se podría saber cuántos obreros están ocupados en Alemania en industrias puramente suntuarias, ¿cómo saberlo con precisión de los siglos pasados, que no tenían una estadística industrial sistemática?

Pero, si queremos evaluar la influencia del lujo en el desarrollo del capitalismo industrial, no hay más remedio que acudir al procedimiento inductivo-monográfico e identificar las manifestaciones de la vida industrial propias de las industrias de lujo. De este modo podremos demostrar lo siguiente:

1. Que algunas industrias de lujo conocieron una importante transformación cuantitativa y cualitativa.

2. Que las industrias puramente suntuarias han entrado casi desde el principio en la dinámica capitalista.

3. Que las industrias suntuarias han sido las primeras en entrar en esa dinámica.

4. Que la organización plenamente capitalista y la industria de gran escala se implantaron primero en la industria suntuaria.

En beneficio de una mayor claridad, diferenciaremos en el análisis las industrias puramente de lujo de las de carácter mixto.

2. Las industrias puras de lujo

a) *Industria de la seda*

Industria realmente importante en los albores del capitalismo para la vida económica de los países europeos. Algo que saben hasta nuestros "historiadores", es decir, se trata de un hecho tan evidente que no necesita de mayores pruebas. Basten algunas cifras. Según las estadísticas de la *Encyclopédie méthodique*, el valor anual de las sedas de Lyon entre 1779 y 1784 llegaba a 60 millones de francos. En 1779, las importaciones totales de Francia ascendieron a 208 millones de francos y sus exportaciones a 235 millones, es decir, un valor total para el comercio exterior de 443 millones; pues bien, las sedas de Lyon representaban un séptimo de ese valor. En términos de hoy: en 1911 pasaron por las fronteras de Alemania mercancías por un total de 19.000 millones de marcos, de modo que esos 60 millones de francos, equivaldrían a 2.400 millones de marcos. A modo de comparación, en 1908 Alemania produjo hierro por valor de 657 millones de marcos; en 1910, su producción algodonera alcanzó 644 millones de marcos; y la de carbón 1.535 millones. Sumadas, todas estas producciones tienen el mismo peso en la economía actual que el que tuvo la industria de la seda de Lyon en la economía de Francia del siglo XVIII. Conviene recordar, por otro lado, que en esa época el comercio exterior tenía proporcionalmente mucha más importancia en la economía de una nación que hoy en día. (En 1783, la industria de sedas en Berlín producía de tres a cuatro millones de táleros, siendo el valor total de los artículos fabricados en Berlín de unos seis millones de táleros.)

Lo relevante para nuestro análisis es que la industria de la seda fue de las primeras en adoptar la organización capitalista: marcó un hito en la historia del capitalismo industrial. Todas las formas del capitalismo tienen en esta industria, desde muy temprano, ejemplos característicos. Fue la primera en desarrollar el trabajo a domicilio y la primera en desarrollar con perfección la organización de la producción en la fábrica. Las hilaturas de seda del siglo XIV son, por así, decir la cuna de las grandes explotaciones capitalistas.

No sabemos cómo se organizaba la industria sedera que los italianos –venecianos y genoveses, sobre todo– establecieron en el mediterráneo oriental. Probablemente el sistema se basaba en mano de obra esclava o forzada. En Europa, sin embargo, esta industria nació con el trabajo a domicilio, tanto para el hilado como para el tejido. Según los Estatutos de 27 de marzo de 1324, en París las obreras conocidas por el nombre de *filaresses* –hiladoras– trabajan a sueldo de los merceros, que compraban la seda en bruto y, después de hilada y preparada, la vendían para trabajos de aguja, bordados, tejidos, etc.[18]

A principios del siglo XIV, la industria sedera se nutría en Venecia, Génova, Lucca, Florencia o Milán del trabajo a domicilio. También así se organizó la manufactura de la seda en Lyon cuando se implantó a principios del siglo XVI. El primer Estatuto de 1554 contiene numerosas disposiciones acerca de la "malversación" de seda en bruto. Esta organización a domicilio se extendió a otros países.

Junto a esta organización laboral, la industria sedera fue también pionera en la empresa de gran escala, en la manufactura y, sobre todo, en la fábrica. Es muy probable que en esta industria se diera el primer caso de fábrica montada sobre base capitalista durante la Edad Media. Sin duda, los documentos de esos siglos acerca de las empresas industriales deben analizarse con cautela, ya que, por lo general, cuando se refieren a la manufactura o a la fábrica, no mencionan la forma de explotación, sino sólo el ramo de producción. Incluso cuando mencionan que alguien tiene una manufactura de seda en la que trabajan 500 personas, no sabemos si se trata de trabajo a domicilio o de organización industrial a gran escala.

Se puede, no obstante, demostrar la existencia de esta industria a gran escala ya en el siglo XVI. La más antigua manufactura de sedas fue, seguramente, la de Raoulet Viard, uno de los fundadores de la industria sedera de Lyon. Este llegó a reunir en una casa 46 telares. La hilatura de seda explotada a gran escala, sin embargo, apareció antes y ya en forma de fábrica. Según Alidosi, las grandes explotaciones con hilaturas de 4.000 hebras, impulsadas con fuerza hidráulica, existían ya a mediados del siglo XIV, ya que el 23 de junio de 1341 la ciudad de Bolonia concedió un permiso a cierto Bolognino di Barghesano, natural de Lucca, para establecer una hilatura de seda, en la que "una sola máquina realiza el trabajo de 4.000 hilanderas".[19]

Según Alidosi, en 1371 había trece hilaturas de seda de propiedad municipal pero arrendadas a empresarios. La máquina mencionada fue muy famosa. De ella nos dice Becher: "Se ha inventado en Bolonia, en Italia, un aparato de hilar que devana y tuerce la seda; pero es muy grande, costoso y de difícil manejo, y tiene muchísimas partes, dientes y ruedas, y se descompone a menudo. Los italianos le conceden, sin embargo, mucho valor y guardan su secreto con pena de la vida. En Munich he visto una máquina imitación de la de Italia. Pero que no es muy estimada por su gran coste y complicado mecanismo".[20]

Estas palabras dan a entender que la hilatura mecánica no se usaba fuera de Italia. Probablemente esta industria no comenzó a desarrollarse intensamente en los demás países hasta el siglo XVII, utilizando el invento del mencionado Johann Joachim Becher, cuya máquina se instaló en una fábrica construida por la ciudad de Harlem con ese fin. La fábrica en cuestión tenía una longitud de 300 pies, y costó 40.000 florines construirla. Sabemos que en 1676, Becher hizo un viaje a los Países Bajos, y sabemos que desde 1680 había grandes "fábricas de seda" en Utrecht y donde trabajaban 500 operarios; es posible que fueran de hilado mecanizado. Por lo demás, el invento de Becher suponía volver al sistema de manufactura, pues era "una máquina sin complicaciones y fácil de mover, de manera que un hombre puede devanar mil hilos; en cambio, la máquina de Bolonia necesita para su funcionamiento la fuerza del agua".

En definitiva, las grandes hilaturas de seda existen en Italia ya en siglo XIV; y desde el XVII, en los países del norte de Europa. En Inglaterra estas empresas son denominadas *silkmills* (molinos de seda), ¿Por qué se movían por agua? Defoe, en sus viajes, encuentra un "molino de seda" en Sheffield, copiado del de Stockport: tenía una altura de cinco pisos, 90 yardas de longitud y daba trabajo a 200 obreros.

b) Industria de los encajes

Esta industria de lujo ha tenido gran importancia en algunos países y regiones. En 1669, había en Francia 17.300 obreros y obreras en este ramo. En el reino de Sajonia, en el siglo XVIII, vivían poblaciones enteras de los encajes. Ha sido una verdadera suerte que el 18 de junio de 1775 el administrador público C. L. Ziegler, natural de Hannover, viajara desde Chemnitz hasta Zwonitz, y que describiera sus impresiones de viaje a su amigo y profesor de economía en Gotinga J. Beckmann.[21] Disponemos así de un documento que da idea de la importancia de esta industria en Sajonia, pues "no había casa en que no se dedicasen al encaje todas las mujeres que en ella moraban". Y añade que "hasta los niños y niñas de corta edad hacen encajes con dos bolillos y una niña de tres años tiene por juguete un cojín de encaje con cuatro bolillos".

Estos encajes de bolillos quizá ya no fueran en el siglo XVIII un artículo de lujo, para consumo exclusivo de los pudientes, pero, sin duda, lo eran los de aguja, hechos en Brabante y, desde Colbert, también en Francia. La organización es la misma: los operarios son contratados por los comerciantes, a quienes en Sajonia se llama "señores encajeros"; en ocasiones, como en Francia, cuentan con capatazas, cada una de las cuales dirige una sección de cuatro o cinco mujeres. Pero esta industria adoptó también en su organización formas especiales que no he visto en ninguna otra industria. En Francia, por ejemplo, hubo centros de enseñanza de estas labores, verdaderos internados, donde vivían y comían. Acerca de estos establecimientos poseemos disposiciones oficiales. He aquí algunos datos que se refieren a la instalación de una "manufactura de encajes" en Saint-Denis, por un cierto Clément de Goufreville, en el año 1669. Es el presupuesto de gastos:

Hebras, 6.000 libras; 20 camas para las maestras, 1.000; 200 camas para las aprendizas y operadas, 6.000; 400 juegos de cama, 1.600; servicio de mesa, 500; manteles, servilletas, etc., 500; retribución de las maestras, a 200 cada una, 4.000; manutención de las aprendizas, a 100 cada una, 20.000.

c) Fabricación de espejos

La manufactura de espejos se hacía a gran escala, según principios capitalistas. En 1704 competían en Francia dos sociedades, la de Dombes en Tour-la-Ville y la de Saint-Gobain en París. Esta última fue comprada dos años antes, por 990.000 libras, por un rico negociante de París, Antoine Dagincourt. La manufactura de espejos del Faubourg Saint-Antoine tenía 500 operarios. Mercier describe este establecimiento, en cuya nave central trabajaban 400 obreros.

d) Industria de la porcelana

Es la industria de lujo por excelencia durante el siglo XVIII. Hay factorías, más o menos dependiente del Estado, establecidas en las siguientes ciudades: Meissen, año 1709; Viena, 1718; Hochst, 1720; Vincennes, 1740; Sèvres, 1756; Capo di Monte, cerca de Nápoles, 1743; Fürstenberg, 1744; Berlín, 1750; Frankenthal, 1755; Nymphenburg y Ludwigsburg, 1758; Copenhague, 1772. También había un sinnúmero de empresas privadas. Las fábricas de porcelana llegaron a alcanzar dimensiones extraordinarias. En 1798, la fábrica de porcelana de Berlín cuenta con 400 operarios. El personal de la manufactura de Meissen pasa de 26 obreros en 1719 a 378 en 1750.

e) Industrias varias

Para no fatigar al lector, renunciamos a entrar en pormenores acerca de otras industrias puramente de lujo. Basten los ejemplos citados. En las demás, la situación es la misma. No conozco una sola industria de lujo que en el curso del siglo XVIII no haya adoptado la forma capitalista. Las fundadas en ese siglo, lo hicieron de entrada sobre los principios capitalistas. Ocurre con la industria del cristal (desde Murano), con la del azúcar, con la orfebrería y demás trabajos en oro. François Thomas Germain, el famoso orífice, que en 1748 sucede a su padre en el Louvre, manejaba un capital de 3.000.000 de francos y tenía deudas por 2.400.000 francos. Un orfebre londinense necesitaba un capital de 500 a 3.000 libras esterlinas, como mínimo, En Berlín, en el siglo XVIII las manufacturas de artículos de oro y plata eran las más importantes; hacían galones, bandas, borlones, etc. y daban trabajo a 813 operarios en el año 1784; a 1.013, en 1799; a 1.151, en 1801. En 1774, un francés abrió una manufactura de bordados en Berlín; trabajaban en ella 77 operarios, que hacían "ricas labores en seda, para adorno de damas y caballeros". La fabricación de flores artificiales también era importante. La primera fábrica de esta clase se fundó en Berlín en el año 1776, y ocho años más tarde, en 1784, la fábrica produjo artículos por valor de 24.000 táleros, dando trabajo a 140 operarías.

3. Industrias de carácter mixto

Las industrias de lujo están dominadas, como hemos visto, por el capitalismo y, a veces, por la producción a gran escala. Pero, junto a este proceso, siguieron existiendo los antiguos oficios manuales. Para determinar la relación entre las industrias suntuarias y el capitalismo y para calibrar el peso del aumento de la demanda de bienes de lujo en el desarrollo del capitalismo, también hemos de analizar las transformaciones en las industrias de lujo surgidas inicialmente dentro de los antiguos oficios manuales. Desde el punto de vista de la historia económica, lo que se advierte es que las partes de los oficios artesanos que antes asumen la forma del capitalismo son siempre aquellas actividades que producen para la demanda de bienes de lujo. Es decir, en los albores del capitalismo, la mayoría de los oficios artesanos pasan por un proceso de diferenciación mediante el que el trabajo más artístico, cualificado, se separa del más común, basto. El primer tipo se hace independiente y crea industrias propias que toman un carácter capitalista, el trabajo corriente perpetúa la forma del oficio manual, hasta que, ya en nuestros días, acaba asumiendo una organización capitalista.

El oficio, por una parte, y la industria de lujo, por otra, llegan a ser realidades contrapuestas incluso en la conciencia de los contemporáneos, como demuestra claramente un pasaje muy hermoso y revelador de Mercier: "Los artesanos parecen ser los individuos más felices. Sacando provecho de su esfuerzo y destreza permanecen en su sitio, cosa tan prudente como rara. Sin ambición y sin vanidad, no trabajan más que para su mantenimiento y diversión; son honrados y corteses con todo el mundo, porque de todo el mundo necesitan. La vida del artesano es ordenada. Puede decirse que, entregados a ocupaciones más útiles que las artes de lujo, reciben como recompensa la calma de la conciencia y la tranquilidad de la vida. Un carpintero tiene un aire de probidad que no tiene el pintor de miniaturas."

Denominamos "mixtas" a estas industrias, en oposición a las industrias puramente de lujo, ya que producen no sólo objetos finos, sino también objetos de fabricación más burda. En la imposibilidad de examinar todas las industrias mixtas, comprobaré, en las más importantes, la exactitud de mi planteamiento.

a) Industria de la lana

No hace falta decir que esta industria y la de la seda son las principales durante la época inicial del capitalismo. La industria lanera proporcionaba tejidos tanto a los pobres como a los ricos. Pero siempre que tropezamos con una industria lanera "floreciente", orgullo de las naciones y ciudades que enriquece, se trata de una industria que fabrica finos y costosos tejidos; una industria, por tanto, de lujo, organizada en régimen capitalista y, en ocasiones, con producción a gran escala (sólo más tarde, el aprovisionamiento de los ejércitos suscitará la creación de una industria textil capitalista de tejidos corrientes). Dicho de otro modo: la industria lanera, cuando participa del desarrollo del capitalismo, es siempre una industria de lujo.

Tal vez la fabricación de tejidos de lana en Florencia sea la primera industria constituida sobre base capitalista y para una producción a gran escala. Es sabido que el brillo y pujanza de Florencia se debió, además de a los negocios financieros, a las industrias de la lana y la seda. Las notables investigaciones de Alfredo Doren,[22] confirman que estas industrias adoptaron muy pronto los principios capitalistas, probablemente a partir del siglo XIII. El primer Estatuto del gremio de la Calimala (1300) indica que ya se daba el trabajo a domicilio. Aunque la historia del gremio de la Calimala (que, como es sabido, hacía un trabajo de mejoramiento y refinamiento de los tejidos) resulta oscura, no cabe duda de que se trataba de

una industria de lujo y que el comercio florentino alcanzó su florecimien-
to cuando se consiguió, por métodos de mejoramiento (tintes y acabados),
refinar los productos bastos que traían del Norte y atender así la creciente
demanda de lujo del comercio con Oriente y Occidente. Se conocían los
finísimos paños del Sultanato del Algarve, cuyos secretos fueron desen-
trañados para poder atender el gusto de los musulmanes. "Piu panni e piu
fini sanno fare in Firenze che in alcuno altro luogo", escribe Goro Dati a
mediados del siglo XV. Así fue cómo la industria lanera florentina logró
superar a las de otros países y ciudades, por su calidad. En la misma
Florencia se distinguían los paños bastos y los finos; existían los dos ramos
de producción en el siglo XIV, establecidos en barrios distintos, el de
Garbo y el de San Martino. Es interesante observar que en Garbo, donde se
producía los tejidos más burdos, vivían los pequeños maestros artesanos,
organizados en el gremio, mientras que en San Martino estaba la industria
propiamente de lujo, con organización capitalista.

Poco sabemos de la industria lanera en España. Las referencias conocidas dicen que "floreció" en el siglo XVI. Pero sí sabemos que era una industria de lujo (por cuanto "florecía") y que estaba organizada en base capitalista (por cuanto producía artículos de lujo). Guicciardini señala "que hay
sitios en España donde se fabrican en grandes cantidades paños en oro,
como Valencia, Toledo, Sevilla". En la descripción de una procesión cele-
brada en Segovia en el siglo XVI, encontramos el siguiente pasaje: "Venían
en segundo lugar los industriales de lanas y los fabricantes de paños, a
quienes el pueblo llama comerciantes, sin razón. Todos estos vienen a ser
unos verdaderos padres de familia, que sustentan multitud de obreros dentro y fuera de sus casas. Muchos utilizan hasta 200 obreros; otros, 300, etc.,
fabricando grandes cantidades de los mejores paños".[23]

En Francia, durante el siglo XVII la industria de la pañería fina se desarrolla notablemente: en Ruan y sus inmediaciones, en Sedan, Elbeouf y
Reims. Y es en este país donde la organización capitalista alcanzará mayor
desarrollo durante los siglos XVII y XVIII. Es cierto que las manufacturas
de Sedan, organizadas con el trabajo a domicilio, representan un centro de
producción media; tiene cuatro *entrepreneurs de fabrique* con privilegio, de

los cuales dos poseen 104 telares; uno, 65, y el cuarto, 50. Hay, además, 21 industriales sin privilegio; uno de ellos con más de 40 telares, cuatro con más de 30, etc. Pero pienso, sobre todo, en los *Établissements* de los hermanos van Robais, con sus grandes plantas de producción. Conocemos en detalle la organización de estos establecimientos por sus estadísticas: la lana pasa por 22 operaciones antes del producto final, hay 1.692 operarios en un solo establecimiento, de los cuales 822 son hilanderas y 200 tejedores, que trabajan en 100 telares. Junto a esta industria de lujo, había mucha producción artesanal de tejidos de lana más bastos.

La industria lanera más famosa en el siglo XVIII fue la de Inglaterra. Era "la base de la prosperidad del país". En 1738, había en Inglaterra millón y medio de personas ocupadas en la elaboración de lanas. Esta cifra, naturalmente, no es exacta, pero sí el valor de los artículos de lana exportados: si en 1700 fue de tres millones de libras esterlinas, en 1815, llegó 9.381.426.

Entre estos paños los había bastos y finos. Seguramente que la industria lanera en Inglaterra no era, en su conjunto, de lujo; cuando América llega a ser gran consumidora de paño inglés –de los nueve millones de libras de 1815, cuatro millones van a los Estados Unidos–, quizá predominase la fabricación de paño burdo para los burgueses y la masa. Sin embargo, la industria lanera era también una industria de lujo: los finos paños ingleses, así como los tejidos de fantasía, eran, en el siglo XVIII, muy codiciados por los ricos. La sociedad más distinguida del norte de Alemania, Polonia o Rusia usaba tejidos de lana ingleses. "En estos dos últimos años –dice, en su edición de 1745, el *Complete English Tradesman*– se han convertido al paño inglés hasta los mismos zares y su corte y nobleza, y todas las personas distinguidas, desde Petersburgo y Moscú hasta Astrakán".

La cuestión es saber si se daba una diferenciación entre la fabricación ordinaria y la fina, en sus respectivos modos de organización. Según los datos disponibles, me atrevo a decir que sí, si bien con reservas. Al terminar el periodo inicial de la época capitalista existían, como es sabido, simultáneamente dos sistemas de organización en la industria lanera inglesa: el sistema capitalista a domicilio y el sistema artesanal. El primero predominaba en el Occidente de Inglaterra, así como en grandes núcleos productivos del Este, como en Norfolk, y en el Sur. Pero el oficio manual permanecía intacto en el Norte, en Yorkshire. Las dos zonas se diferencian como zonas de lana cardada y de lana peinada. Con la lana peinada se hacían los finos paños, franelas. ¿No serían los artículos de mayor valor los que vendrían de la zona de organización capitalista, mientras que la producción basta y ordinaria quedaba adscrita a los oficios manuales?

Debemos recordar que la industria textil organizada en manufacturas era evidentemente una gran industria de lujo. De ella se dice en la descripción de las instalaciones de Jack de Newbury: que en una sala grande y ancha había doscientos telares. Los artículos que fabricaban el mencionado Jack Newbury y John Winchcombe tenían fama en toda Europa. En la zona occidental de Inglaterra –organizada en forma capitalista– hallamos importantísimos centros textiles, como el convento de Malmesbury en Newbury, que un rico fabricante de paños, llamado Stump, tomó en arriendo para instalar sus telares; Cirencester, donde se instaló un importante batán; la abadía de Osney, cerca de Oxford, que el referido Stump quiso también tomar en arriendo. Tenemos noticias, asimismo, de que en Norwich, en el siglo XVI, ricos industriales se dedicaron en gran escala a la fabricación de ciertos tejidos que hasta entonces se habían importado de Italia como de lujo.

b) Industria del lino

En un sector confuso. No cabe duda de que en Silesia, Westfalia y en Irlanda era, en gran parte, una industria de lujo. Proporcionaba a los elegantes londinenses del siglo XVIII las preciosas camisas a 10 o 12 chelines vara; suministraba también las ricas batistas y gasas, la magnífica ropa de mesa que admiramos en nuestros museos. Pero también fabricaba multitud de piezas para el vestido de los esclavos. Irlanda, sobre todo, hacía mucho tejido barato. Baste decir que el lino premiado por el *Linen Board of Ireland*, en el año 1747, costaba de 6 a 10 chelines la yarda. Pero no podemos determinar qué relación había entre la calidad del producto y el régimen de producción. Sabemos que, a finales del siglo XVIII, coexistían los dos modelos productivos, pero ignoramos cómo se repartían entre ellos los artículos baratos y los de lujo. Esta cuestión mercería ser objeto de una tesis doctoral.

c) Industria de la sastrería

Durante el siglo XVIII, algunos establecimientos se reorganizarán siguiendo principios capitalistas y serán justamente aquellos que producen vestimenta de lujo, aquellos que trabajan para una clientela distinguida. Curiosamente, la sastrería de lujo para caballeros fue la primera en organizarse en forma capitalista. Hoy esto ya no se usa, pero en el siglo XVIII, la adquisición de trajes hechos, de lujo, era habitual. La industria de confección de prendas de lujo se da tanto en Inglaterra como en Francia. He aquí un pasaje de un escrito de la Cámara general de Comercio de Alemania: "En la actualidad, vienen más prendas de las que en Alemania se necesitan, de modo que no solo muchos señores alemanes envían su dinero a Francia para conseguir ricos trajes, sino que los franceses mismos envían a nuestros mercados cajones enteros llenos de trajes." Conocemos un anuncio que se publicó el 4 de abril de 1770 en *Affiches, annonces et avis divers* por un tal Dartigalongue. Dice así: "El señor Dartigalongue, maestro sastre en París, desde antiguo tiene una tienda de trajes nuevos, hechos, de todas las clases y tamaños y muy de moda. A las personas que no quieran los trajes ya disponibles, puede servirlas casi al instante por la gran cantidad de obreros que tiene empleados. Hace libreas muy económicas. Envía ropa a provincias y al extranjero; pero las personas que le escriban tengan la bondad de franquear sus cartas." El estilo del anuncio no deja duda de que se trata de clientela "selecta". También las libreas eran en aquel tiempo un artículo de lujo. A. Franklin, que es quien ha desenterrado este anuncio, opina que el tal Dartigalongue fue el primero que hizo este negocio de las confecciones.[24] Pero se equivoca, a no ser que entienda que fue el primero cuyo nombre nos es conocido. La confección de trajes se daba ya en épocas muy anteriores. El mencionado escrito de la Cámara de Comercio alemana es de antes de 1741. En el siglo XVII ya había en Londres sastres, establecidos en los barrios más distinguidos de la ciudad, vendiendo ropas hechas. Esta costumbre debió nacer a mediados del siglo, tal vez en esa agitada época en que los sederos, como "enjambres de abejas", se trasladaban de un sitio a otro de la ciudad. Un escrito de 1681 recoge quejas contra esta innovación: "todavía recuerdan muchos la época en que no había en Londres ningún establecimiento de ropas hechas". Los sastres con clientela fija se oponen a los vendedores de ropa preconfeccionada, que pagan alquileres caros en barrios distinguidos, conceden largos créditos a su clientela aristocrática (por tanto, ¡venden trajes de lujo!) y ocupan en sus talleres a docenas de operarios.

Pero donde más se desarrolló la sastrería sobre principios capitalistas fue en el trabajo fino, en la ropa a medida. La descripción que hace Campbell del negocio de un sastre en Londres, en aquella época, aún es vigente: clientela con muchas pretensiones y muy aficionada a la pompa; grandes gastos en telas y adornos, que cuestan más que el importe del trabajo; diferenciación del trabajo en corte y costura. El cortador gana mucho; además de los retazos, que aprovecha, y de las propinas que los *gentlemen* le dan al probarse las prendas, tiene una guinea por semana; los buenos cortadores son muy solicitados. Los demás obreros constituyen verdadera legión; son "más pobres que las ratas" y carecen de trabajo durante tres o cuatro meses al año. Llevan una vida de proletarios. Recordemos que el primer gremio de la historia fue el de los sastres.

Las modistas elegantes del siglo XVIII también tenían empresas de gran producción: recordemos aquella modista de María Antonieta, que acumuló deudas por 3.000.000 de francos.

d) Cuero

En la zapatería, como en la sastrería, el trabajo fino a medida llegó muy pronto a formas superiores de organización. En el siglo XVIII vemos en París maestros que trabajan únicamente para la clientela distinguida. "Este zapatero lleva casaca negra, peluca empolvada y chaleco de seda; su aspecto es el de un ujier. Pero toma medida personalmente a la señora condesa. En cambio, sus compañeros de oficio tienen los dedos sucios, pelucas estropeadas y ropa sucia: trabajan para la clase popular, no calzan los piececitos de las bellas marquesas".

El guarnicionero que hace los arreos y monturas de lujo es un "verdadero hombre de negocios, importante y útil". Necesita disponer de un capital líquido considerable, pues los materiales que utiliza son caros y la clientela distinguida no se apresura a pagarle. En el siglo XVIII, este ramo de la guarnicionería evoluciona hacia la manufactura: da trabajo a numerosos artesanos; aunque éstos siguen trabajando también por su cuenta.

A comienzos del siglo XVIII, hay en Francia diversas manufacturas de curtidores, establecidos sobre base capitalista, trabajando distintas clases de cueros: el húngaro, el cuero inglés, tafilete, búfalo, gamuza. Y lo mismo ocurre en Berlín. La fabricación de cueros finos, como tafilete, cordobán, cuero danés, fue introducida en Berlín hacia mediados del siglo, por emigrantes franceses; se abrieron grandes centros de producción, y más tarde fabricaron también guantes.[25]

e) Sombrerería

"Todo varón, desde el rey hasta el campesino, necesita un sombrero. El sombrerero es, pues, oficio indispensable en un Estado. Pero como la mayoría de los sombrereros, sobre todo en las pequeñas poblaciones, no fabrican más que sombreros malos para la clase baja, sombreros que las personas distinguidas, altos funcionarios, gentes ricas rechazan, prefiriendo sombreros finos y elegantes, es claro que debemos procurar que estos sombreros finos se hagan también en el país".[26] De ahí que se fundaran establecimientos de manufacturas de sombreros finos. En Francia, los primeros se abrieron en París, Marsella, Lyon, Ruan, Caudebec, etc. Sabemos de un sombrerero de gran fama de finales del siglo XVII que tenía en sus talleres de Ruan a 19 oficiales; con 12 de estos abrió despacho en Rotterdam. Más tarde hubo también fábricas de sombreros en Inglaterra, donde se confeccionaban los capelos cardenalicios, que costaban de 5 a 6 guineas pieza. Luego vino Alemania: Berlín, Erlanger, etc. Hasta finales del XVIII, la manufactura en Berlín tuvo, sobre todo, carácter artesanal, fabricándose artículos de baja calidad hasta mediados del siglo XIX. Pero en 1782, se abrió una fábrica que contaba con 37 operarios y producía sombreros "de la mejor calidad" por valor de 21.800 táleros, mientras que ese mismo año el gremio de sombrerería, compuesto de 133 individuos, hizo una producción valorada en 45.240 táleros.

f) Industria de la construcción

La construcción de los grandes palacios e iglesias, durante el período de los Papas del Renacimiento, se realiza ya según principios capitalistas. Así, por ejemplo, Beltrano di Martino, oriundo de Varese, constructor bajo Nicolás V, hacía trabajar a un ejército de obreros y poseía en Roma grandes tejares y hornos de cal; sus cobros anuales sobre la caja pontificia llegaban a 30.000 ducados. Tal abundancia ya no permitía al contratista vigilar personalmente los trabajos, por lo que nombraba personas que lo representaban (los *sobrestanti*). Según los cálculos de Filarete, cada uno de estos jefes o encargados tenía a sus órdenes 85 albañiles.[27]

No sorprende, por tanto, que en el siglo XVII las construcciones de los palacios del monarca francés corrieran a cargo de contratistas bien provistos de capitales. El cuadro de la construcción en París a finales del siglo XVII y principios del XVIII es el siguiente: la albañilería y la carpintería, cuando se trata de grandes edificios, se organizan según principios capitalistas. En ambos oficios operan siempre las mismas empresas, a menudo sociedades de dos socios: *entrepreneurs du bastiment neuf du Louvre*, *entrepreneurs des ouvrages de charpenterie du bastimentdu Louvre*, etc. En 1664, los grandes contratistas Jacques Maziéres y Pierre Bergeron, facturaron en un año 861.330 libras por trabajos en el Louvre y 200.965 por trabajos en Versalles. Otros grandes contratistas eran Poncelet Cliquim y Paul Charpentier que cobraron entre 100.000 y 150.000 libras. Había una media docena de grandes contratistas.

Junto a estos dos ramos principales de la construcción, la tejería y ladrillería pronto asumirán también principios capitalistas. Un cierto Charles Yvon recibió por trabajos en el Louvre, Saint-Germain y Versalles 49.900 libras. Del mismo calibre era la sociedad Jean Pillart y Claude Fresneau, que se autodenominaban *maistres couvreurs, entrepreneurs des ouvrages de couverture et plomberie*. Los demás ramos de la construcción (ebanistería, cerrajería, cristalería, etc.) eran, al principio de este período, aún artesanales. Los maestros de cierta posición podían tener en sus talleres media docena de oficiales y aprendices. A menudo, diez o veinte de esos maestros participaban en los trabajos complementarios de construcción, ascendiendo el importe de las facturas a unos pocos miles de libras al año. Algunos cerrajeros sí abrirían pequeñas empresas capitalistas algunos años más tarde. Puede decirse que desde la mitad del siglo XVII hasta comienzos del XVIII, debido a la gran actividad constructora del rey y los nobles, se produjo una concentración empresarial; en 1715, el cerrajero François Caffin realizó trabajos por valor de 51.578 libras, cifra que implica un taller con 12 a 15 oficiales.

El cuadro que Mercier esboza de la organización del ramo de la construcción en París, a finales del siglo XVIII, tiene un aspecto netamente capitalista, cuando se trata de las edificaciones de lujo. Mercier no indica de un modo expreso que esos grandes contratistas se dediquen a los edificios de lujo; pero, por otros escritos del propio Mercier, sabemos hasta qué punto la historia de la construcción en París en aquella época está marcada por los edificios lujosos de los grandes financieros.

g) La carretería

Durante estos albores del capitalismo, ebanistas y guarnicioneros se asociaron para dar lugar a una nueva industria suntuaria con base capitalista: la fabricación de carruajes. A mediados del siglo XVIII, este ramo ya estaba organizado según los principios de la manufactura y será en Londres donde alcance mayor esplendor. En los mismos talleres se hacían los trabajos de construcción de la caja, de forrado y cueros, de preparación de los asientos, mullidos, etc., para lo que se contaba con la intervención de tallistas, carpinteros, carreteros, herreros, guarnicioneros, etc. También aquí era necesario contar con un importante capital, sobre todo porque así lo requerían los largos plazos de pago que debían concederse a la clientela distinguida, pues los constructores de carruajes trataban sólo con nobles, que eran malos pagadores..., cuando pagaban.

La fabricación de carruajes creció considerablemente en Inglaterra, pues la nobleza se aficionó a conducirlos. "En la generación anterior no había en

Londres más que una docena de fabricantes de coches; pero ahora –dice el *Complete English Tradesman*– los constructores de coches han formado un gremio cuyos miembros ocupan largos trechos de la calle".

h) La ebanistería,

Este ramo, tan pronto como empieza a fabricar artículos de lujo, tiende a rebasar el marco del oficio artesanal. De ahí que, muy pronto –por ejemplo, en Augsburg en el siglo XVI– encontremos una contraposición entre la ebanistería de lujo y la corriente. Los maestros de oficio corriente tenían, por estatuto gremial, uno o, desde 1549, dos oficiales. En cambio, cuando el maestro hacía trabajo distinguido solicitaba dispensa de esta limitación.

En el siglo XVII, la ebanistería de lujo se desarrollará como producción a gran escala, si bien no según principios capitalistas por cuanto dependía de los subsidios del Estado. Como se sabe, la *Manufacture royale des Gobelins*, fomentada por Colbert, es el paradigma, aún hoy, de la ebanistería artística. En ella se fabricaba todo lo requerido para ornato de los palacios reales, no sólo riquísimos muebles de ébano, carey o maderas de colores con tallas e incrustaciones, sino también colgaduras, tapices, arañas, candelabros en bronce y cristal, vajilla y objetos de oro y plata, guarnecidos con piedras preciosas, etc. No es este lugar para recordar los maravillosos objetos producidos en sus talleres por su enorme plantel de obreros (sólo en el departamento de tapices trabajaban 250 personas) bajo la dirección de destacados artistas (durante muchos años Lebrun fue su director; pintores como Baudoin Yvard, Van de Meulen, Monnoyer; escultores como Coysevoix o los hermanos Anguier; dibujantes y grabadores como Audran, Rousselet, Leclerc fueron contratados).

Baste decir aquí que el gran consumo de lujo acabó trayendo una revolución industrial que tendría importantes efectos sobre el desarrollo del capitalismo. Siguiendo el modelo de la *Manufacture royale des Gobelins*, se fundaron ebanisterías de tipo capitalista allí donde había una gran demanda de muebles de lujo. En la misma Francia, Charles Boule, el famoso contratista, fue quizá el primer ejemplo de una manufactura completa de muebles artísticos. Boule producía en un primer momento sólo para la corte;

pero pronto surtió también a la sociedad más distinguida de toda clase de muebles en bronce y en madera, cajas para relojes, *bureaux*, cómodas, armarios, cofres, veladores, etc. Boule estuvo de moda entre 1672 y 1732, y en 1720 (época del vértigo producido por las riquezas del mar del Sur) los muebles que exponía en su almacén tenían un valor total de 80.000 libras. Sus talleres estaban instalados en el Louvre. También a gran escala trabajaban los famosos ebanistas ingleses Sheraton y Chipendale. En Alemania, durante el siglo XVIII, la ebanistería de lujo también se organiza según principios capitalistas para una producción a gran escala, mientras que la ebanistería común seguirá siendo artesana hasta muy avanzado el siglo XIX. Una de las primeras ebanisterías capitalistas de Alemania fue la de Maguncia, debido a la afición de sus príncipes electores al lujo y boato.

Lo mismo ocurre en muchos otros sectores y ramos. Pero bastarán los ejemplos dados. A modo de conclusión volvamos sobre las razones que explican este desarrollo uniforme de la producción industrial.

CONCLUSIONES
Los efectos revolucionarios de la demanda de bienes de lujo

¿Qué es lo que, junto con los avances técnicos, ha empujado la industria hacia el capitalismo? ¿Cuál es la razón de que en ciertas industrias perdure el oficio manual y en otras se establezca una organización capitalista?

Como he señalado, la opinión mayoritaria sostiene que la expansión geográfica de los mercados está detrás del advenimiento del capitalismo en la producción industrial. A mi entender, la organización industrial estuvo mucho más determinada por el aumento de la demanda de bienes de lujo. El lujo es el que, en muchos casos (no en todos), abre las puertas al capitalismo. Todo cuanto llevamos expuesto confirma esta teoría.

Alguien podrá objetar que si esas industrias del lujo se someten a los principios del capitalismo, no es por su carácter suntuario, sino precisamente por ser industrias de exportación. Esta objeción, sin embargo, es incorrecta, doblemente incorrecta.

1.º En modo alguno las industrias del lujo organizadas en régimen capitalista son todas industrias de exportación. Muebles, carruajes, tapices, sastrería fina, zapatería, etc., no son bienes de exportación. Todas estas industrias tienen carácter "local", y la mayoría de ellas producen para una clientela determinada.

2.º No todas las industrias de exportación son capitalistas. Ya durante la Edad Media, numerosos bienes se producían para el mercado interlocal y para el internacional. La exportación de productos artesanales se siguió dando durante la Edad Moderna. A principios del siglo XIX, los tejedores de lana de Yorkshire y de lino de Silesia, aunque trabajaran para el mercado mundial, seguían organizados en oficios artesanos. La expansión geográfica de los mercados no es, por tanto, la causa decisiva que hace surgir el capitalismo en otras industrias.

Mi tesis es que la causa decisiva está en la extensión del consumo de bienes lujo, y que, por tanto, las industrias citadas se suman al capitalismo porque son industrias de lujo. Y las causas que hacen que las industrias de lujo sean las más susceptibles de organización capitalista son:

1.ª *La naturaleza del proceso de la producción.* El artículo de lujo requiere casi siempre una materia prima de alto coste, a menudo traída de países lejanos. Esto da una ventaja al mercader rico y previsor. Si, ya en el siglo XIII, las *filaresses* de París hilan, a cambio de un salario, la seda para un mercero, que luego la vende en la ciudad, mientras que el lino y la lana siguen, durante siglos, trabajados por los propios aldeanos, ¿qué otra causa pueda haber detrás de la organización del trabajo a domicilio, que el hecho de que sólo el mercero puede adquirir la seda bruta, una materia prima cara?

Por otro lado, el proceso de producción del objeto de lujo suele ser más costoso que el del artículo corriente. (Entonces, pues, hoy ya no es así). Así ocurre con la primitiva industria textil de lujo (con sus tintes y aprestos), con la fabricación del cristal y la porcelana, de tapices o tejidos o de espejos, en definitiva, con los procesos complejos propios de las industrias de lujo. Una vez más, esto da ventaja al empresario que dispone de capital. Pero la fabricación de los objetos de lujo no es sólo más cara, sino también más artística, más complicada, supone más conocimientos, más visión de conjunto, mejores capacidades de gestión. Esto hace que los más capaces y, en este sentido, los mejores destaquen y ocupen las nuevas posiciones, posiciones que exigen capacidad de liderazgo y de organización. Además, las cualidades superiores del objeto de lujo se suelen conseguir mediante procesos complejos y exigentes de trabajo que requieren asociación y especialización. Si la sastrería a medida confecciona productos de alta calidad, es justamente porque aprovecha el valioso trabajo del cortador de talento para una gran masa de costureros medianos. Ahora bien: la diferenciación entre los rendimientos de alto valor y los de valor inferior sólo es posible si hay un gran volumen de producción, algo que sólo la organización según principios capitalistas puede asegurar.

2.ª *La naturaleza de la venta.* Ya nos hemos referido a lo frecuente que era el que la suficiencia del noble de costumbres lujosas se acompañara de dejadez y descuido en el pago de sus facturas, lo que ocasionaba pérdidas al productor de artículos de lujo, al mismo tiempo que le exigía disponer de amplios recursos de capitales. Pero más relevante aún es el hecho de que el comercio de los bienes de lujo se halla sujeto a más fluctuaciones que el de los artículos de uso corriente. La historia de todas las industrias de lujo señala lo rápido que pueden cambian los caprichos de los ricos, cuyos gustos están a merced de las "modas". Este rápido cambio trae consigo, por una parte, frecuentes excesos de existencias y, por otra, exige del productor una gran flexibilidad de espíritu para adaptar su producción a las nuevas exigencias de su clientela. Ahora bien: la organización capitalista es más susceptible que el oficio artesanal no ya sólo de resistir mejor las coyunturas desfavorables, sino de aprovechar mejor las favorables.

3.ª Junto a estas dos razones que responden a la naturaleza misma de las cosas, hay una tercera causa de orden histórico, a saber, que todas las industrias de lujo en los países de Europa, durante la Edad Media, se *crearon artificialmente* bien por los príncipes bien por extranjeros de espíritu emprendedor. Como demostraré en otro lugar, el extranjero ha desempeñado un importantísimo papel en la génesis de la industria moderna. Desde los *Humiliati*, que en Florencia fundaron la pañería, hasta los emigrados franceses, padres de la industria berlinesa, hay una continua migración de empresarios migrantes que fundan empresas industriales. Y es de destacar que lo que fundaban eran, casi siempre, industrias de lujo, cuyo desarrollo interesaba, por otro lado, a los gobernantes. Asimismo, todas estas industrias fundadas conscientemente por extranjeros, se organizaban desde un principio con racionalidad. Solían nacer al margen de los gremios con sus limitaciones, y a menudo en oposición a los arraigados intereses de los artesanos del país. Al establecerse, estas industrias no tienen en cuenta ninguna otra consideración que la conveniencia y el provecho; es decir, configuraron el terreno en que se desarrollaría mejor el nuevo y económicamente superior sistema industrial.

4.ª Pero la condición más importante era la *existencia de un mercado* que pudiera mantener el sistema industrial. Como los mercados de consumo masivo de bienes corrientes no aparecerán sino más tarde, el único mercado que podía sostener la industria y dar réditos al capital invertido era el mercado de los bienes de lujo.

En definitiva: el lujo, hijo legítimo del amor ilegítimo, generó el capitalismo.

Bibliografía

La historia de la corte es la historia de los Estados. No conozco estudios especiales. Citaré principalmente a Henrich Laube: *Französische Königsschlöser* y a G. Freytag: *Bilder aus der deutschen Vergangenheit.*

Sobre el origen de la riqueza burguesa, véase mi *Modernen Kapitalismus.*

Sobre las genealogías existe una vasta bibliografía en las obras dedicadas a historiar las familias. Por ejemplo: *Complete Peerage,* 12 vols., nueva edición, 1910. De obras antiguas citaré tan solo Arthur Collins: *Peerage of England,* 3 vols., 1735; o Francis Townsend, *Catalogue of Knights from 1660 to 1760.*

Bibliografía genealógica francesa: el *Dictionnaire de la noblesse,* de D'Hozier, es el más completo. En cambio, hay abundantes monografías de índole histórico-social. No hay país alguno que cuente con obras tan valiosas como las de Normand, Thirion y Bonnaffé, a las cuales nos referimos a menudo. Para el estudio de las transformaciones operadas en las clases superiores nos hemos visto obligados a utilizar toda clase de materiales, suministrados por los más diversos campos de la literatura.

A propósito de la gran ciudad se han escrito muchísimas obras; pero casi todas ellas se refieren a los aspectos jurídicos y de construcción. Cuanto exponemos acerca de la formación y naturaleza de la gran ciudad, procede casi en su totalidad de las fuentes primitivas fuentes. En estas ocupan preferente lugar las descripciones de viajes. La obra de Mercier, *Tableau de París* (12 tomos, 1781), no tiene parangón. El Londres de los siglos XVII y XVIII puede conocerse con bastante exactitud por las descripciones de Defoe, Richardson, Miege-Bolton Archenholtz, etc. La obra de Gothein, *Kulturentwicklung Sud-Italiens* (1885) nos permite conocer la Nápoles del siglo XVI. Para el siglo XVIII: *Essai sur la société et les moeurs des Italiens* (1782). El Madrid del siglo XVII lo tenemos descrito en las *Memorias* de Madame D'Aulnoy.

Sobre las transformaciones en las relaciones entre sexos: Fuentes primarias. Renacimiento: las obras de Cappellanus, Petrarca, Bocaccio, Valla, Bembo, Arentino, Castiglione, Firenzuola, Bellay, Montaigne, Rabelais. Para el Siglo XVII: La colección *Cabinet satyrique ou recueil parfait des vers piquants et gaillards de ce temps* (1632), y muchos más disponibles fácilmente en las bibliografías. Para el Siglo XVIII: Las obras de Restif de la Bretonne, *Le Palais Royal* (tres tomos, 1790).

Bibliografía moderna. Para la Edad Media: A. Schultz: *Das hofische Leben zur Zeit der Minnesänger,* (dos tomos, 1889). Para la época del Renacimiento, en primer lugar, las conocidas obras de Burckhardt, Gregorovio, Grim y otros. Hay abundante bibliografía sobre la vida de las grandes cortesanas del Renacimiento. Citaré: C. Biagia: *Un Etera Romana, Tullía d'Aragona,* (1897); P. L. Bruzzone: *Imperia e i suoi ammiratori* (1906). Para los siglos XVII y XVIII: Imbert de Saint-Amand: *Femmes de Versailles* (dos tomos, 1876); Arsène Houssaye: *Galerie du XVIIIᵉ siècle* (1858). Theodor Grissinger: *Die grossen französischen Vorbilder,* (dos tomos, 1866-1867); Albert Savine: *La Cour galante de Charles II* (1908).

Sobre el mundo elegante del teatro: *Souvenirs de Mlle. Dulhé, de l'opéra, 1748-1830* (apócrifa). Interesantísimas son también las obras de los hermanos Gongourt: *Portraits intimes du XVIII° siècle*; *Les maîtresses de Louis XV*; *La femme au XVIII° siecle*; *L'amour au XVIII° siècle*. La bibliografía sobre las *maîtresses* es abundante y, como la que existe acerca de las cortes, no puede citarse aquí por su extensión. En lo que respecta a Francia, merece mención especial la obra de Saval: *Les galanteries des rois français sous plusieurs races*. H. Thirion, en su libro publicado en 1895, *La vie privée des financiers au XVIII° siecle*, describe detalladamente el dominio de las *maîtresses* en el período de la *haute finance* de Francia.

La bibliografía dedicada a la vida de los salones en los distintos países y épocas también es abundante. Hay incluso muchos trabajos acerca de la especial psicología del *cocu* (marido burlado), citados en la obra de G. Klemm: *Die Frauen* (dos tomos, 1859). Sobre la historia de la mujer. Conde de Segur: *Les femmes* (tres tomos, 1803); H. Schieube: *Die Frauen des achtzehnten Jahrhunderts* (dos tomos, 1876).

Sobre "historia de las costumbres". R. Gunther: *Kulturgeschichte der Liebe* (1889); de Eduard Fuchs: *Illustrierte Sittengeschichte vom Miltelalter bis zur Gegenwart*; *Renaissance* (1909)

La biografía en lo concerniente a historia de la prostitución es también numerosa. La obra más conocida es la del francés Dufour, pero, por desgracia, la exposición es poco sólida y no siempre bien documentada.

La bibliografía referente a la literatura galante, picaresca, obscena, está bien recogida en Hugo Hayn: *Bibliotheca Germanorum erótica* (1885). *Bibliographie des ouvrages relatifs a l'amour; aux femmes, au mariage et des limes facélieux, pantagruéliques, scatologiques, satyriques*, edición de J. Lemonnyer (cuatro tomos, 1894-1900).

Todas las fuentes históricas pueden servir para conocimiento del desarrollo suntuario, razón por la cual apenas tiene objeto la bibliografía sobre este punto concreto.

Los materiales son abundantísimos: edificios y construcciones, vestidos, ajuares, utensilios, notas y apuntes de carácter doméstico, facturas de gastos, descripciones de viajes, reseñas y relatos de los contemporáneos. Todo ello constituye fuente preciosa de conocimiento.

La obra más famosa acerca de la historia del lujo se debe a H. Baudrillart: *Histoire du luxe privée et public*, (cuatro tomos, 1881). El libro de Thorstein Veblen: *The Theory of the Leisure Class*, constituye un ingenioso ensayo sobre el lujo y sus transformaciones. Sobre el lujo en la comida, tenemos la numerosa serie de *Almanaques* gastronómicos.

Existe bibliografía variada sobre la historia del lujo en la edificación y mobiliario. Hay además impresiones de viaje, descripciones de palacios, etc. o libros que hacen historia de los modos de vestir, de las modas, de la fabricación y carácter artístico-industrial de ciertas prendas. Algunos escritores, como E. Langlade, autor de *La marchande de modes de Marie Antoinette, Rose Bertin* (s.a.), tratan con claridad el aspecto económico. También son interesantes obras como las de Humbert de Gallier: *Les moeurs et la vie privée d'autrefois* (1911); *Usages et moeurs d'autrefois* (1912).

NOTAS

I. LA NUEVA SOCIEDAD

1. Heinrich Laube, *Französische Lustschlösser* (Mannheim, 1840)
2. Sully, *Memorias*, 4, 16.
3. Mercier, *Tableau de Paris* (1783).
4. Th. Starkey, "England in the Reign of Henry VIII," in William Denton, *England in the fifteenth Century* (Londres, 1888). p. 259.
5. Reproducida en J. Golstein, *Berufsgliederung und Reichtum* (Stuttgart, 1897).
6. Cédula reproducida en M . Postletwayt, *Universal Dictionary of Trade and Commerce* (1758).
7. De un "Livre de raison", citado por Ch. de Ribbe: *Les familles,* (1874).
8. Cifras tomadas de Henri Thirion, *La vie privée des financiers au XVIIIᵉ siècle* (París, 1895).
9. Personaje de nuevo rico de la comedia homónima (1709) de Alain-René Lesage.
10. Miege-Bolton, *The Present State of Great Britain and Ireland* (Londres, 1745).
11. Citado por Lecky.
12. Laffemas, *Traité du commerce et de la vie du loyal marchand* (Paris, 1601).
13. Citada por Thorpe, *Ancient Laws institutions of England* (1840).

II. LA GRAN CIUDAD

1 . Según cifras recogidas en F. Veloc. "Die Entwicklung der Grosstádte in Europa", en *Comptes rendus du VIIIᵉ Congrès Internacional d'Hygiène et Démographie.*
2. Reproducido en H. Simonsfeld, *Der Fondaco dei Tedeschi in Venedig* (Stuttgart, 1887).
3. Ludwig Pastor, *Geschiste der Papste* (Freiburg, 1901).
4. Citado por L. Ranke, *Fürsten und Völker von Südeuropa* (Berlin, 1837).
5. Véase la descripción del Madrid del Siglo de Oro, en W.F. von GleichenRusswurm, *Das galante Europa* (Stuttgart, 1910).
6. Mirabeau, *L'ami des hommes,* 2, 217.
7. Mercier, *Tableau de Paris,* cap. XC.
8. Cantillon, *Essai sur la nature du commerce* (Londres, 1755).
9. Helvetius, *De l'homme,* Lect. VI, cap. VIL.
10. Mirabeau, *De la monarquía prusiana, bajo Federico el Grande.*

III. LA SECULARIZACIÓN DEL AMOR

1. Ludovico Valeriani, *Poeti del primo secolo* (Florencia, 1816).
2. Alwin Schultz, *Das höfische Leben zur Zeit der Minnesinger* (Leipzig, 1889).
3. Véase Joseph Kirchner, *Die Darstellung des resten Menschenpaars in der bildenden Kunst* (Stuttgart, 1903).
4. Véase el capítulo quinto del libro tercero de los *Ensayos.*

5. Petrarca, *Epistolae de rebus familiaribus et variae, liber nonus*, epístola IV.
6. Gregorovio, "Gli studi in Italia".

IV. EL DESARROLLO DEL LUJO

1. Petrarca, *Sonetos* CVI y CVII.
2. *Conviti fatti a Papa Clemente V nel 1308 descritti da Anónimo fiorentino* (Edición de G. Milanesi, Florencia, 1868).
3. E. Müntz, "L'argent et le luxe à la tour pontificale d'Avignon" in *Revue des Questions Historiques* (Paris, 1899).
4. Johann Burchard, *Diarum sive Rerum Urbanarum Commentarii* (1483-1506)
5. J. Guiffrey, *Comptes des bâtiments du roi sous le règne de Louis XIV*, 5 vols. (1881-1896).
6. Citado por B. Carey, *La cour et la ville de Madrid*.
7. J. Singlair, *History of the public revenue of the British Empire*.
8. Saint-Simon, *Mémoires*, vol. VIII.
9. Expresión de Camden, *Britania* (1580).
10. Archenholz, 1, 164.

V. EL TRIUNFO DE LA MUJER

1. *Lettres, instructions et mémoires de Colbert* (edición de Pierre Climent, París, 1868).
2. Edmund van Lippmann, *Geschiste des Zucker* (Leipzig, 1890).
3. Citado por Jacob Burckhardt, *Die Cultur der Renaissance* (Leipzig, 1877).
4. John Evelyn, *Memoirs* (Edición de William Bray, Londres, 1871).
5. Edmond y Jules Goncourt, *Madame du Barry*.
6. Véase las descripciones de H. Thirion de las *chambres à coucher*, op cit.
7. J. W. de Archenholtz, *Inglaterra e Italia* (1787).
8. William Watts, *The Seats of the Nobility and Gentry in a Collection of the Most Interesting and Picturesque Views Engraved* (Londres, 1779).
9. Antoine De Léris, *Dictionnaire portatif historique et littéraire des théâtres* (Paris, 1763).
10. *Mademoiselle Duthé et son temps* (Edición de Paul Ginisty, Paris 1909).

VI. EL CAPITALISMO, HIJO DEL LUJO

1. Montesquieu, *L'esprits des Lois*, libro VII, Capítulo IV.
2. Gabriel Coyer, *Développement et défense du système de la noblesse commerçante* (Amsterdam, 1757).
3. Hume, "On the refinement in the arts" (1793).
4. W. Heyd, *Geschiste des Levantehandels im Mittelalter* (Stuttgart, 1879).
5. Alexander von Humboldt, *Essai politique sur le royaume de la Nouvelle Espagne* (1811).
6. Thomas Buxton, The African Slave Trade (Nueva York, 1840).

7. Otto Langer, *Sklaverei in Europa* (Bautzen, 1891).

8. Bryan Edwards, *The History of the British Colonies in the West Indies* (Dublín, 1793).

9. Onslow Burrish, *Batavia Illustrata* (Londres, 1728).

10. R. Campbell, *The London Tradesman* (Londres, 1745) y *A general Description of all Trades* (1747).

11. C. Bertagnolli, *Delle vicende dell 'agricoltura in Italia* (Florencia, 1881).

12. K. Haebler, "Die Wirtschaftliche Bliite Spaniens im 16. Jahrhundert und ihr Verfall", in *Historische Untersuchungen* (Berlin, 1888).

13. A. Young, *Six Weeks Tour Through the Southern Condes* (1769).

14. Sir F. Eden, *State of the Poor* (Londres, 1797).

15. Daniel Defoe, *A Tour Through the Islands of Great Britain*.

16. Jean François Mélon, *Essai politique sur le commerce* (Amsterdam, 1734).

17. J. F. Cairnes, *The Slave Power* (Nueva York, 1863).

18. E. Pariste, *Histoire de la fabrique lyonnaise* (1901).

19. A. Alodisi, *Instruzione delle cose notabile di Bologna* (1621).

20. Johann Joachim Becher, *Nârrische Weissheit und weise Narrheit* (Frankfurt, 1683).

21. Johann Beckmann, *Beyträge zur Oekonomie* (Gotinga, 1779).

22. Alfred Doren, *Die florendner Wollentuchindustrie* (Stuttgart, 1901).

23. Diego de Colemares, *Historia de la insigne ciudad de Segovia* (Madrid, 1640).

24. A. Franklin, *Les magasins de nouveautés* (1894).

25. O. Wielfeldt, *Berliner Industrie*.

26. C.J. Bergius, *Cam. Magaz.*

27. E. Muentz, *Les Arts à la cour des papes*.